MARCO POLO

SPANIEN

Reisen mit
Insider-Tipps

Diese Tipps sind die ganz speziellen Empfehlungen unserer Autoren. Sie sind im Text gelb unterlegt.

W0214217

Fünf Symbole s[illegible]
die Orientierung in diese[illegible]

★
für Marco Polo Tipps – die besten in jeder Kategorie

für alle Objekte, bei denen Sie auch eine schöne Aussicht haben

für Plätze, wo Sie bestimmt viele Einheimische treffen

für Treffpunkte für junge Leute

(156/A1)
Seitenzahlen und Koordinaten für den Reiseatlas Spanien und den Stadtplan Barcelona
(U/A1) *Koordinaten für den Stadtplan Madrid im hinteren Umschlag*
(O) *außerhalb des Stadtplans*

Diesen Führer schrieb Jörg Dörpinghaus. Er lebt seit mehreren Jahren in Spanien und arbeitet als Journalist und Autor auf Mallorca.

Die Marco Polo Reihe wird herausgegeben von Ferdinand Ranft.

Die aktuellsten Insider-Tipps finden Sie im Internet unter http://www.marco-polo.de

MAIRS GEOGRAPHISCHER VERLAG

MARCO POLO

Für Ihre nächste Reise gibt es folgende Titel dieser Reihe:

Ägypten • Alaska • Algarve • Allgäu • Amrum/Föhr • Amsterdam • Andalusien • Antarktis • Argentinien/Buenos Aires • Athen • Australien • Azoren • Bahamas • Bali/Lombok • Baltikum • Bangkok • Barbados • Barcelona • Bayerischer Wald • Berlin • Berner Oberland • Bodensee • Bornholm • Brasilien/Rio • Bretagne • Brüssel • Budapest • Bulgarien • Burgund • Capri • Chalkidiki • Chicago und die Großen Seen • Chiemgau/Berchtesgaden • Chile • China • Costa Blanca • Costa Brava • Costa del Sol/Granada • Costa Rica • Côte d'Azur • Dalmat. Küste • Dänemark • Disneyland Paris • Dolomiten • Dominik. Republik • Dresden • Dubai/Emirate/Oman • Düsseldorf • Ecuador/Galapagos • Eifel • Elba • Elsass • Emilia-Romagna • England • Erzgebirge/Vogtland • Finnland • Flandern • Florenz • Florida • Franken • Frankfurt • Frankreich • Franz. Atlantikküste • Fuerteventura • Gardasee • Golf von Neapel • Gomera/Hierro • Gran Canaria • Griechenland • Griech. Inseln/Ägäis • Hamburg • Harz • Hawaii • Heidelberg • Holland • Holl. Küste • Hongkong • Ibiza/Formentera • Indien • Ionische Inseln • Irland • Ischia • Island • Israel • Istanbul • Istrien • Italien • Italien Nord • Italien Süd • Ital. Adria • Ital. Riviera • Jamaika • Japan • Java/Sumatra • Jemen • Jerusalem • Jordanien • Kalifornien • Kanada • Kanada Ost • Kanada West • Kanalinseln • Karibik I • Karibik II • Kärnten • Kenia • Köln • Königsberg/Ostpreußen Nord • Kopenhagen • Korfu • Korsika • Kos • Kreta • Kuba • Languedoc-Roussillon • Lanzarote • La Palma • Leipzig • Libanon • Lissabon • Lofoten • Loire-Tal • London • Los Angeles • Lüneburger Heide • Luxemburg • Macau • Madagaskar • Madeira • Madrid • Mailand/Lombardei • Malaysia • Malediven • Mallorca • Malta • Mark Brandenburg • Marokko • Masurische Seen • Mauritius • Mecklenburger Seenplatte • Menorca • Mexiko • Mosel • Moskau • München • Namibia • Nepal • Neuseeland • New York • Nordseeküste: Niedersachsen mit Helgoland • Nordseeküste: Schleswig-Holstein • Normandie • Norwegen • Oberbayern • Oberital. Seen • Österreich • Ostfries. Inseln • Ostseeküste: Mecklenburg-Vorpommern • Ostseeküste: Schleswig-Holstein • Paris • Peking • Peloponnes • Peru/Bolivien • Pfalz • Philippinen • Phuket • Piemont/Turin • Polen • Portugal • Potsdam • Prag • Provence • Rhodos • Riesengebirge • Rocky Mountains • Rom • Rügen • Rumänien • Russland • Salzburg/Salzkammergut • Samos • San Francisco • Sardinien • Schottland • Schwarzwald • Schweden • Schweiz • Seychellen • Singapur • Sizilien • Slowakei • Spanien • Spreewald/Lausitz • Sri Lanka • Steiermark • St. Petersburg • Südafrika • Südamerika • Südengland • Südsee • Südtirol • Sylt • Syrien • Taiwan • Teneriffa • Tessin • Thailand • Thüringen • Tirol • Tokio • Toskana • Tschechien • Tunesien • Türkei • Türk. Mittelmeerküste • Umbrien • Ungarn • USA • USA: Neuengland • USA Ost • USA Südstaaten • USA Südwest • USA West • Usedom • Venedig • Venetien/Friaul • Venezuela • Vietnam • Wales • Washington D.C. • Weimar • Wien • Zürich • Zypern • Die besten Weine in Deutschland • Die tollsten Musicals in Deutschland

Die Marco Polo Redaktion freut sich, wenn Sie ihr schreiben: Marco Polo Redaktion, Mairs Geographischer Verlag, Postfach 31 51, D-73751 Ostfildern

Unsere Autoren haben nach bestem Wissen recherchiert. Trotzdem schleichen sich manchmal Fehler ein, für die der Verlag keine Haftung übernehmen kann.

Titelbild: Alcázar in Segovia (Keystone Pressedienst)
Fotos: O. Baumli (4, 18, 88); R. Gill (124); Lade: Assmann (27); laif: Richardson (8); Look: Thomas (119); Mauritius: Elsen (68), Gierth (130), Hubatka (155), Murillo (110), Richter (83), Rossenbach (32, 35), Thonig (7, 99), Vidler (30, 61); Schapowalow: Atlantide (38), Heaton (15, 22), Komine (42), Pratt-Pries (122), Reichelt (45), Sperber (70, 79), Thiele (36, 76); W. Schleicher (28, 81); Schuster: Barnes (64), Prisma (133), RF (12); M. Strobel (92, 95, 101, 106); M. Thomas (24, 50); P. Trummer (21); T. P. Widmann (56)

7., aktualisierte Auflage 2000 © Mairs Geographischer Verlag, Ostfildern
Chefredakteurin: Marion Zorn
Lektorat: Nikolai Michaelis
Kartografie Reiseatlas: © Mairs Geographischer Verlag
Gestaltung: Thienhaus/Wippermann (Büro Hamburg)
Sprachführer: in Zusammenarbeit mit dem Ernst Klett Verlag für Wissen und Bildung GmbH, Redaktion PONS Wörterbücher

Das Werk einschließlich aller seiner Teile ist urheberrechtlich geschützt. Jede urheberrechtsrelevante Verwertung ist ohne Zustimmung des Verlages unzulässig und strafbar. Das gilt insbesondere für Vervielfältigungen, Übersetzungen, Nachahmungen, Mikroverfilmungen und die Einspeicherung und Verarbeitung in elektronischen Systemen.

Printed in Germany
Gedruckt auf 100% chlorfrei gebleichtem Papier

INHALT

Entdecken Sie Spanien!

Verwunschene Dörfer, goldene Strände, stille Hochebenen, beeindruckende Berglandschaften und lebendige Städte mit mehr Bars und Diskos als in jedem anderen Land Europas

Spanien ist anders, *España es diferente,* pries der eingängige Werbeslogan des Ministeriums für Industrie und Tourismus und umriss mit dieser lapidaren Feststellung tatsächlich die ganze Wahrheit. Das spanische Festland ist anders, als es uns die bunten Prospekte weismachen wollen. Dabei braucht sich das wahre Spanien nicht hinter den Klischees vom kastagnettenklappernden Flamencotänzer oder vom Sangriakrug vor einem sich in der Unschärfe verlierenden Traumstrand zu verstecken. Vielleicht half ja auch das gemeinschaftlich gepflegte Bild von südländischer Exotik den Spaniern, um an Identität zu finden, was der Zusammenbruch einer 40 Jahre währenden Diktatur an individueller Leere hinterlassen hatte.

Nur langsam wird sich der Koloss, mit einer Fläche von 504 782 km^2 um gut ein Drittel größer als Deutschland, bewusst, wie facettenreich sein eigenes Innenleben ist. Mehr und mehr beginnen auch die Spanier ihr eigenes Land zu entdecken.

Spaniens Küsten – wohl das vordergründig attraktivste Ferienziel – summieren sich auf 3144 km und verweisen damit den spanischen Teil der Iberischen Halbinsel im Weltvergleich der Küstenlängen auf einen soliden Platz zwölf. Bei wohlwollender Auslegung des Wortes »Strand« kommen immerhin noch knappe 2000 km *playa* zusammen, die, abgesehen von einigen Ausrutschern, wie etwa im Raum Barcelona oder València, eine gute bis ausreichende Sand- und Meerwasserqualität aufweisen, teilweise sogar als *excelente* klassifiziert werden. So durfte zum Beispiel 1999 mit dem Segen der europäischen Stiftung für Umwelterziehung an 390 iberischen Stränden und 87 Sporthäfen blau geflaggt werden. Der Strand von Santander zählt laut Expertenmeinung zu den gepflegtesten der Welt.

Um die 85 Prozent aller Abwässer gelangen geklärt ins Mit-

Die mittelalterliche Oberstadt von Tossa de Mar an der Costa Brava steht unter Denkmalschutz

telmeer, und der Prozentsatz soll sich im neuen Jahrtausend der Zahl Hundert nähern.

Doch das mediterrane Spanien, ein schmaler Streifen Sommerkultur, der durchschnittlich nur 5 km ins Landesinnere hineinreicht und in dem heute etwa 40 Prozent der 40 Millionen Spanier Lebensraum und Arbeitsplatz gefunden haben, stellt eben nur einen Teil der spanischen Wirklichkeit dar. Hier liegen die *huertas,* die fruchtbarsten Obst- und Gemüsegärten des Festlandes, und hier kommen über 80 Prozent der internationalen Feriengäste unter – bei einer Gesamtzahl von über 70 Millionen Spanien-Besuchern im Jahr 1999.

Das Landesinnere weist eine Durchschnittshöhe von 650 m auf. Innerhalb Europas überflügelt nur die Schweiz den iberischen Höhenschnitt. Selbst in der Afrika-nahen Sierra Nevada, mit Gipfelhöhen bis zu 3478 m, liegt von Dezember bis Februar so viel Schnee, dass sich in den vergangenen 20 Jahren eine immer lebhaftere Wintersportsaison entwickeln konnte. Keine 200 km weiter nordöstlich wächst hingegen die Wüste: Im Hinterland von Murcia oder Almería fällt mit maximal 250 mm pro Jahr so wenig Regen, dass Fachleute die ebenso karge wie eindrucksvolle Gegend zu einem »Vorwüstengebiet« erklären. Eine Nachfolgeproduktion des Westerns »Die glorreichen Sieben« wurde nur wenige Kilometer von Almería entfernt im rotbraunen Wüstenszenario zwischen Kakteen gedreht. Heute verfällt die Westernstadt, dafür wurde in der Nähe eine riesige Solarversuchsanlage installiert.

Mit 300 bis 600 mm Niederschlag pro Jahr erreicht Spanien nicht einmal die Hälfte der europäischen Durchschnittswerte. Die geringe Wassermenge fließt zudem über die fünf großen Flüsse Spaniens, Duero, Ebro, Guadiana, Tajo und Guadalquivir, schnell wieder ab.

Im heißen Andalusien zieht man heute in Treibhäusern bis zu fünf Ernten im Jahr. Die Hochebenen im Landesinneren, im Spanischen *mesetas* genannt, haben dennoch nicht ihren kargen, wehmütig-braunen Steppencharakter verloren. Eine tief greifende Bodenreform sorgt zwar für die Neuverteilung des Großgrundbesitzes in weiten Gebieten wie in La Mancha. Jungbauern beackern heute mit Traktor und Mähdrescher die Ländereien Kastiliens wirtschaftlich, auf denen es noch vor 20 Jahren für viele kein Auskommen gab. Trotzdem bevölkern Landflüchtige, wie schon vor Jahrzehnten, die Trabantensiedlungen der großen Städte.

Größere zusammenhängende Waldgebiete findet man nur noch im Norden der Iberischen Halbinsel. Der Bau der spanischen Armada und Handelsflotten im ausgehenden Mittelalter und der Raubbau durch Bauern, die ihre Wälder bis in die jüngste Zeit hinein durch Brandrodungen kahl schlugen, zerstörten das einstige grüne Jagdparadies.

Ein Umdenken setzte erst zaghaft ein. 1918 entstanden mit der Berglandschaft von Covadonga (Asturien) und dem Monte Perdido (Pyrenäen) die ersten beiden Nationalparks. Eine Fläche, die sich inzwischen auf über 1220 km^2 ausgedehnt hat und zu der der Parque Nacional Coto de Doñana im Mündungsgebiet des Guadalquivir mit 125 Zugvogelarten genauso gehört wie die Seenlandschaft des zweitgrößten Parque Nacional de Aigües Tortes in den Pyrenäen. In Naturparks und Wildreservaten liegen auch jene Gebiete, in denen heute noch seltene Tiere leben. Braunbären hausen in den Höhenzügen Asturiens, und Wolfsrudel leben in abgelegenen Gegenden von Galicien und León. Selbst Königsadler und exotische Geierarten wie den vom Aussterben bedrohten Schwarzen Geier gibt es dort noch, Bergziegen, Gemsen, Auerhähne, Wildschweine und Rotwild vermehren sich wieder.

Andererseits vernichten Großflächenbrände jährlich an die 150 000 ha Grün. Über 50 Prozent der Brände gehen auf menschliches Versagen zurück, ein Drittel wird sogar vorsätzlich gelegt, etwa um günstiges Holz für die Papierindustrie »aufzubereiten« oder um Bauland im Preis zu drücken.

Spanien hält heute weltweit den Platz eins in der Produktion von Olivenöl. 57 große Anbaugebiete mit einer Gesamtfläche von 1,5 Mio. ha bringen jährlich 30 Mio. hl Wein hervor. Damit rücken Spaniens Winzer auf Platz drei in Europa, gleich nach Italien und Frankreich. Die Weinspezialität aus dem heißen Andalusien, Jerez beziehungsweise Sherry, wird in 120 Länder exportiert. Auch katalanische Sektkellereien haben sich fast unbemerkt in Führungspositionen hineingearbeitet. Ebenfalls ganz oben auf der Ausfuhrliste stehen Zitrusfrüchte. Rund 4 Mio. t Orangen, Zitronen und Mandarinen erntet man hauptsächlich auf den weiten Plantagen der iberischen Südostküste.

Auch die Industrie, die in den Zeiten des Franco-Regimes durch die staatliche INI-Holding blockiert wurde und deren Entwicklung zwischen 1929 und 1950 daher praktisch stagnierte, erlebte ihren Boom. Das spanische Wirtschaftswunder begann mit einer Lockerung der Ex- und Importbedingungen ab 1959. Allein zwischen 1970 und 1988 ver-

An den Südhängen der Sierra Nevada liegen die Bergdörfer der Alpujarras

Kulturrevolution a la española: Der baskische Industriemoloch Bilbao ist auf dem Weg zur Kunstmetropole. Glanzstück ist das Guggenheim-Museum

vierfachte sich die Produktion der Automobilfabriken auf jährlich über 1,7 Mio. PKW. Die iberische Wirtschaft präsentiert sich heute so stabil, dass ausländische Firmen Jahr für Jahr Milliardenbeträge investieren, um Zweigbetriebe zu eröffnen oder Anteile zu erwerben. Dementsprechend forsch und selbstbewusst gibt man sich am Übergang ins neue Jahrtausend.

Die Olympischen Spiele 92 in Barcelona waren eine Olympiade der Superlative: mit Rekordzahlen von 10 000 teilnehmenden Sportlern und 3,5 Milliarden Fernsehzuschauern in aller Welt. Rekordverdächtig auch die Expo in Sevilla: Anlässlich des 500. Jahrestages der Amerika-Entdeckung besuchten Millionen von Gästen die größte Weltausstellung der Geschichte. Ebenfalls 1992 baute sich Madrid als »Kulturhauptstadt Europas« zum kulturellen Mekka des Jahres auf, und Santiago de Compostela feierte ein Jahr später den Abschluss von 800 km Pilgerweg und gut einem Jahrtausend Pilgergeschichte.

So viel spanische Einheit mag darüber hinwegtäuschen, dass innerhalb der Nation große Gegensätze bestehen: Der Kult um autonome Sprache und eigene Traditionen wird in den letzten Jahren sogar verschärft zelebriert. Unter dem Franco-Regime war es jahrzehntelang nicht nur verpönt, sondern bei Strafe verboten, eine der Minderheitssprachen – Katalanisch, Baskisch, Galicisch und Caló, die Sprache der spanischen Zigeuner – zu sprechen. Hochspanisch, das Spanisch der Kastilier, musste von Hunderttausenden in Abendkursen mühselig erlernt werden. Heute ist *castellano* nicht mehr die einheitliche Amtssprache. Etwa drei Vierteln des 39-Millionen-Volkes geht es nicht viel besser als Spanien-Urlaubern: Sie verstehen die hauptsächlich im Norden beheimateten Mitbürger nur mühsam.

Drei weitere eigenständige Sprachen gebraucht man nun wieder im Lande, die sich ihrerseits in unterschiedliche Dialekte unterteilen. Als gewichtigste

Minderheitssprache wird *català* vom französischen Roussillon am Nordostrand der Pyrenäen bis hinunter nach Alicante gedacht und gesprochen. Etwa 6 Mio. katalanische Spanier lesen ihre eigenen Zeitungen und Bücher, lauschen Radio und Fernsehen in ihrer eigenen Sprache und stehen im Ruf, arbeitsamer und geschäftstüchtiger zu sein als ihre südlichen Landsleute.

Durch eine kulturelle und eine topografische Barriere, den Gebirgszug von León, setzt sich Galicien vom restlichen spanischen Festland ab. Die Sprache, *galego,* Ursprung des Portugiesischen, kennt bis heute keine einheitliche Rechtschreibung. Den rund 3 Mio. Bewohnern der ökologisch unversehrtesten Region Spaniens sagt man einen individualistischen, eigensinnigen Charakter, aber auch herzliche Gastfreundschaft nach.

Katalanisch und Galicisch gehören wie das Kastilische dem romanischen Sprachstamm an; Baskisch hingegen ist eine linguistische Rarität: *Euskera* lässt sich keiner bekannten Sprachfamilie eindeutig zuordnen, und obwohl nur knapp ein Viertel der 2,4 Mio. Bewohner des Baskenlandes aktiv Kultur und Sprache unterstützt, zählt ihre Separatistenbewegung Eta zu den aktivsten und leider auch blutigsten Terrororganisationen Europas.

Kastilien sei Spanien, davon sind die Bewohner der gewaltigen zwei Hochebenen im iberischen Zentrum fest überzeugt. Ging doch der Rückeroberungsfeldzug des Christentums gegen die Mauren, die Reconquista, von dort aus, und seit 1714 ist *castellano* die offizielle spanische Sprache des Staates. Wein, Getreide und Oliven wachsen vor allem auf den endlosen Ebenen, einem kargen, streckenweise monotonen Land.

Wie kein anderer Teil Spaniens prägte Andalusien das Image einer ganzen Nation: ausgelassene *fiestas,* ausgiebige *siestas,* Carmens Glut und Don Juans Leidenschaft, weite Traumstrände unter glühender Sonne – kurz, das Land, in dem man lebt oder eben Urlaub macht, anstatt zu arbeiten. Die Kehrseite der Medaille: Noch Ende der Neunzigerjahre gingen weit mehr als 180 000 Tagelöhner für klägliche Minimallöhne als Saisonarbeiter auf die ausgedehnten Wein- und Baumwollfelder und waren nach der Ernte arbeitslos.

Um wenigstens auf Staatsebene die Einheit zu erhalten, verfielen schon die Väter der dritten Republik auf eine eigenwillige Formel: In der spanischen Verfassung von 1977 wird ausdrücklich betont, dass drei der insgesamt 17 autonomen Regionen Nationalcharakter haben (Baskenland, Galicien, Katalonien). Und so zogen denn 1986 zwar nur ein Beitrittspartner, aber gleich vier neue Sprachen ins Europaparlament.

Der flotte Fortschritt prägt auch die Menschen. Spaniens neue Generation zeigt sich selbstbewusst und aufgeschlossen. Diesen Unterschied zu früher bekommt nun auch der Gast zu spüren. Galt Pepe noch vor wenigen Jahren als Musterbeispiel iberischer Gastfreundschaft, so scheut sich Pepito, der junge Kollege, oft nicht, Sonderwünsche seiner Gäste mit geschäftigem Lächeln zu ignorieren. Der Dienstleistungsbereich beginnt an mangelnder Dienstfreudigkeit zu kranken; Spaniens Regierende wissen dies und versuchen der jungen Servicerebellion mit fundierter Ausbildung beizukommen. Mehr Professionalität und Qualität fordert man auch von Hotellerie und Gastronomie, die sich zumindest auf Preisebene längst an den Europa-Durchschnitt angeglichen haben. Bettenburgen aus der Gründerzeit des spanischen Fremdenverkehrs sollen nach und nach gründlich renoviert oder geschlossen werden. Für neue Ferienanlagen sind große Grünflächen vorgesehen. Die Kommunen investieren Millionenbeträge in die Anlage neuer Parks und Alleen. Beton weicht beruhigendem Grün, um so schon jetzt die Wende zu einem niveauvollen Ferienparadies des 21. Jhs. einzuleiten: Ein kompetenter Qualitätsanspruch ersetzt allmählich die mediterrane Exotik der touristischen Gründertage.

Eine schmerzliche Änderung muss auch der Macho im spanischen Manne erfahren: Seine Doña emanzipiert sich. Ein bis maximal zwei Kinder will sie im Schnitt, die Ehe ja, aber nur bei voller Gleichberechtigung. »Hausfrau« ist sie sowieso nie gewesen. *Ama de casa* lässt sich korrekt eher mit »Hausherrin« übersetzen. Zwar wurden noch viele der heute 20- bis 30-Jährigen in einer kirchlichen Schule erzogen, allein, die christlich-orthodoxe Saat ging nicht mehr in allen Herzen auf. Heute sind zwar immer noch 96 Prozent der Bevölkerung katholisch, doch nicht einmal ein Viertel besucht mehr oder weniger regelmäßig den Gottesdienst; Sexualkundeunterricht gehört zum Schulalltag, und ein Kuss auf offener Straße, noch vor 25 Jahren als moralischer Verstoß geahndet, erregt kein öffentliches Ärgernis mehr.

Auf dem Boden der Freiheit gedeiht auch die neue spanische Kultur; Avantgardisten rütteln allerorts an den Fundamenten traditioneller, gegenständlicher Malerei, besonders baskische und katalanische Goldschmiede ersetzen betagte Eleganz durch frischen Esprit und neue Formen, und die Modemacher aus Madrid, Barcelona oder Valencia scheuen sich nicht mehr, Etiketten mit der Aufschrift »Made in Spain« in ihre Jahreskollektionen einzunähen.

Eine Institution allerdings wird auch bei aller Renovationsfreude nicht in Frage gestellt: Heute finden spanische Jugendliche wieder vermehrt an den elterlichen Herd zurück. Die Familie entlastet das noch immer recht schwache Sozialnetz bei Dauerarbeitslosigkeit oder Krankheit, vereint oft beeindruckend harmonisch drei Generationen unter einem Dach.

Enchufe nennt sich das Pendant dazu auf öffentlicher Ebene. Wer nützliche Kontakte pflegt, kommt schneller an den Telefonanschluss, muss kürzer Schlange stehen und bekommt auch schon mal in einem ausgebuchten Flugzeug Platz.

Und selbst bei den Feriengästen wird der feine Unterschied gemacht: So gelten allgemein deutschsprachige und italienische Urlauber als die angenehmeren Besucher. Wenn doch nur die Gäste aus dem Norden nicht so dickköpfig auf ihre Rechte pochen wollten, könnten echte Freundschaften entstehen.

Geschichtstabelle

bis 1000 v. Chr.
Kelten in Nord- und Mittelspanien

ab 206 v. Chr.
Eroberung durch römische Truppen

ab 474 n. Chr.
Ende der römischen Herrschaft und Aufstieg des Westgotenreiches, das im 6. Jh. große Teile Spaniens, Portugals und Südfrankreichs umfasst

ab 711
Arabische Heere überfallen Südspanien und dehnen ihren Herrschaftsbereich bis an die Pyrenäen aus

ab 1031
Zerfall des maurischen Reiches in Spanien und Rückeroberung

1230
Vereinigung der Königreiche Kastilien und León und ein späteres Bündnis mit dem Königreich Aragón im Nordosten

1474–1516
Herrschaftszeit der »Reyes Católicos«, Isabellas I. (Kastilien) und Ferdinands II. (Aragón)

1492
Entdeckung Amerikas durch Kolumbus

1516
Karl I. von Habsburg erbt Spanien

ab 1556
Unter Felipe II und Felipe III erlebt Spanien sein »Goldenes Jahrhundert« (Cervantes, Lope de Vega, Velázquez, El Greco)

1588
Die Eroberung Englands schlägt mit dem Untergang der spanischen Armada fehl

1873
Spaniens erste Republik scheitert nach elf Monaten

1923
Nach zahlreichen Regierungskrisen Militärputsch unter General Primo de Rivera

1931
Exil für Alfons XIII. und Ausrufung der zweiten Republik

1936–1939
Militärputsch: Nationalistische Truppen siegen im anschließenden Krieg über die Verteidiger der Republik; Franco wird Diktator

ab 1959
Zaghafte Liberalisierung und wirtschaftlicher Aufschwung

1975
Franco stirbt, Juan Carlos I. besteigt den Thron; zwei Jahre später demokratische Wahlen

1986
Spanien wird EG-Mitglied

1996
José María Aznar vom rechtskonservativen Partido Popular wird nach Wahlsieg gegen die Sozialisten Ministerpräsident

1999
Die spanische Wirtschaft ist stabil, das Land erfüllt alle Kriterien für die Einführung des Euro

Plaza de Toros de GRANADA
OMINGO
arde 5.30
EXTRAORDINARIA
CORRIDA
MAGNIFICOS Y BRAVOS TOROS 6
D. GERMAN GERVAS DIEZ
SEBASTIAN
PALOMO
"LINARES"
Plaza de Toros de GRANADA
DOMINGO
Tarde 5.30
GRANDIOSA
CORRIDA
6 MAGNIFICOS Y BRAVOS TOROS 6
de la famosa ganadería de D. GERMAN GERVAS DIEZ de Madrid
PACO CAMINO
RDINES NEPTUNO
RAN FESTIVAL DE CANTE Y BAILE
y su gran espectáculo
UANITO JEREZ
ANTONIO RUBIO
AMPARITO RUIZ
bailaores
HERMANOS RIOS
CHIQUITO TORO
LITA DELGADO
tocaores
JUAN PALACIO
ELOY MAZQUE
CRISTIAN ROJO
Cuerpo de baile · Conjunto de guitarras · Dos orquestas
Fandangos · Sevillanas · Rumbas · Seguidillas · Tarantas
Fiesta hasta la madrugada
PLAZA DE TOROS MONUMENTAL
DOMINGO
Tarde 5.30
EXTRAORDINARIA
CORRIDA
6 BRAVOS TOROS - 6
"TORRESTRELLA" de D. ALVARO DOMECQ
PACO CAMINO
PACO ALCALDE

Vom Flamenco bis zur Siesta

Araber hinterließen Spuren, über die Corrida erhitzen sich die Gemüter, Duzen ist modern – und die Arbeitslosenquote hoch

Andorra

In den Pyrenäen, zwischen Spanien und Frankreich, liegen 468 km^2 Land mit eigenem Parlament und eigenem Regierungschef. Der Zwergstaat Andorra, bekannt vor allem als Finanzparadies und nach dem Wegfall des zollfreien Einkaufs in der EU als Duty-free-Mekka zu neuen Ehren gelangt, entwickelt sich mit mehr als 30 000 Hotelbetten bei 61 000 Einwohnern zu einem der Ferienparadiese wintersportbegeisterter Spanier und Franzosen. Der Legende nach wurde der Zwergstaat von Karl dem Großen gegründet, der die Bewohner der Pyrenäentäler für ihre Tapferkeit im Kampf gegen die Araber auszeichnete. Faktisch gelangte das Gebiet 1133 an den Bischof von Urgell, der das heutige Andorra aber schon 1159 dem Schutz der Familie Caboet unterstellte. Den Vorläufer des heutigen Kleinstaates errichtete ein Schiedsspruch anno 1278.

Heftig umstritten: Befürworter wie Gegner des Stierkampfs können bedenkenswerte Argumente für ihre Position anführen

Araber

Deutliche Spuren und Einflüsse haben die Araber vor allem im Süden Spaniens hinterlassen. 711 lösten sie nach der Schlacht von Janda die damals herrschenden Westgoten ab. 732 war die gesamte Iberische Halbinsel besetzt; Spanien erlebte eine wirtschaftliche und kulturelle Blütezeit. Nach fast acht Jahrhunderten arabischer Herrschaft fiel mit Granada die letzte arabische Bastion gegen die christliche Rückeroberung (Reconquista) im Jahre 1492. Noch im heutigen Spanisch zeugen zahlreiche Wörter von den vielen fruchtbaren Neuerungen, die Spanien der maurisch-islamischen Kultur verdankt – in Kunst und Wissenschaft wie in Alltag und Küche.

Bettler

Menschen, die um Almosen bitten, findet man vor allem dort, wo das traditionelle Sozialnetz, die Familie, versagt. Besonders in den großen Städten konnte das staatliche Äquivalent noch nicht so weit ausgebaut werden, dass soziale Härtefälle vermieden würden. Betroffen sind vor allem allein stehende ältere und arbeitslose junge Menschen. Von der Polizei werden Bettler meist geduldet; die Spanier selbst sind spendenfreudig und geben zwischen 50 und 100 Ptas. Behinderte verfügen über eine eigene Lobby, die staatliche Blindenorganisation O. N. C. E., die hauptsächlich über den Verkauf von Losen ein leistungsfähiges Sozialnetz unterhält.

Bevölkerung

Knapp 40 Mio. Spanier verteilen sich auf eine Fläche, die gut doppelt so groß ist wie die der alten Bundesrepublik Deutschland vor 1990. Damit ist die Bevölkerungsdichte mit 80 Bewohnern pro km^2 weit geringer als die deutsche (229).

Corridas

Von Ernest Hemingway noch begeistert beschrieben, können heutige Spanien-Besucher den Stierkämpfen immer weniger Reiz abgewinnen – wenngleich es auch ernst zu nehmende ethische und ökologische Argumente für den Stierkampf gibt. Ein verändertes Bewusstsein dem Tier gegenüber sorgt auch in Spanien für immer schärfere Tierschutzgesetze, die in einigen Regionen sogar schon zum Verbot der *suerte de matar*, des dritten, tödlichen Abschnitts der Konfrontation zwischen *toro bravo* (einer speziell gezüchteten, spanischen Kampfstierart) und dem *matador*, dem Stiertöter, führten. Wer dennoch eine *corrida de toros* miterleben möchte, sollte dies in einer der großen und bekannten Arenen *(plaza de toros)* tun, denn nicht selten verkommt der vor Jahrhunderten aus Kreta importierte Kampfsport in kleinen Provinzarenen zur Schlächterei. Bei der Platzreservierung sind die teuren Schattenplätze *(sombra)* den Sonnenplätzen *(sol)* vorzuziehen. Zum Ablauf: Nach der Präsentation der *matadores* beginnt mit der *suerte de varas* der erste Kampfteil, bei dem Reiter *(picadores)* den Muskel im Nacken des Stiers mit einer Lanze verletzen. In der *suerte de las banderillas* treten die *banderilleros* dem schon geschwächten Tier mit zwei Spießen entgegen. Erst im dritten Teil kommt der eigentliche *matador* zum Zuge. Traditionelle Stierkampfsaison ist von März bis Oktober.

Diktatur

Zu den Themen, an die kaum ein Spanier gern erinnert wird, zählen die zwei Diktaturen des 20. Jhs. 1923 gelangte General Miguel Primo de Rivera durch einen Staatsstreich an die Macht und dankte erst 1930, provoziert durch wirtschaftliche Rezession, wieder ab. Neun Jahre später ging das Franco-Regime siegreich aus einem Krieg gegen die eigenen Bürger hervor, der mindestens 500 000 Menschenleben gekostet hatte. Wichtige Programmpunkte der Diktatur waren: Verbot aller politischen Parteien und Gewerkschaften, Zentralisierung, Unterdrückung der eigenständigen Landessprachen zu Gunsten der Einheitssprache *castellano* und Verbot aller Zusammenkünfte bis hin zu traditionellen Festen. Ab 1942 unterstützte ein Ständeparlament *(cortes)* den Staatsführer in der Gesetzgebung. Seit 1967 ist die Staatsführung zweigeteilt: Regierungschef (Ministerpräsident)

Das wohl großartigste Erbe der maurischen Kultur auf spanischem Boden ist die Alhambra in Granada vor den Bergen der Sierra Nevada

und Staatsoberhaupt, ein Amt, das bis zu seinem Tode Franco innehatte und für dessen Nachfolge er den heutigen König, Don Juan Carlos, einsetzte. Der Diktator starb am 20. November 1975.

Eta

Mit mehr als 800 Opfern seit dem Beginn ihres Kampfes in den frühen Sechzigerjahren zählt die baskische Eta (Euskadi Ta Askatasuna, »Baskenland und Freiheit«) zu den grausamsten Terrororganisationen Europas. Gegründet wurde die Eta noch zu Zeiten der Franco-Diktatur (1959) als radikale Splittergruppe der baskischen Nationalpartei. 1975 spaltete sich die Eta in einen militanten, weiterhin mordenden und einen gemäßigten Flügel, der politisch tätig ist. Seit die Eta im Dezember 1999 den im September 1998 ausgerufenen unbefristeten Waffenstillstand für beendet erklärte, schwanden die zuvor aufgekeimten Hoffnungen auf eine friedliche Lösung.

Familiennamen

Was in Deutschland die Ausnahme, ist in Spanien die Regel: Alle Personen tragen einen doppelten Familiennamen. Der erste Name stammt vom Vater, der zweite leitet sich vom väterlichen (ersten) Namen der Mutter ab. Damit bleibt der *apellido* des Vaters in der Familie erhalten, während der mütterliche Familienname mit jeder Generation wechselt. In allen amtlichen Dokumenten firmieren stets beide Komponenten (z.B. Juan García Jiménez), in der Anrede wendet man sich hingegen nur an den ersten Namen (Señor García). Verheiratete Frauen behalten ihre eigenen Nachnamen.

Flamenco

Spätestens seit »Carmen«, dem Film, der Schallplatte, dem Theaterstück, rückte der Flamenco auch in die Begriffswelt des kühlen Nordens ein. Er ist mehr als nur Musik oder ein temperamentvoller Tanz, er spiegelt die Lebensweise und -weisheit wider, wie sie vor allem dort gepflegt werden, wo Spaniens Sonne am heißesten brennt. Andalusien, vor fünf Jahrhunderten die Geburtsstätte des Flamenco, blieb bis heute die unbestrittene Hochburg der ausdrucksstarken Kunstform, deren Geschichte auch eng mit den eingewanderten Zigeunerstämmen verknüpft ist. Erst in den folgenden Jahrhunderten dienten zahme Varianten als Keim für das Standardrepertoire bekannter spanischer Tänze und Gesänge des Südens wie des Fandangos, der sanften Sevillanas, des stolzen Boleros oder des erotischen Tangos. Genießen kann man reinrassigen Flamenco vor allem in Andalusien (Sevilla, Jaén, Córdoba und Málaga) und in Madrid.

Medien

In über 80 Prozent aller spanischen Wohnzimmer steht mindestens ein Fernsehgerät. Das Interesse an den überregionalen staatlichen (TVE 1 und TVE 2), den drei privaten (A 3, Tele 5, Canal +) und an einer Vielzahl von Regionalprogrammen ist ungebrochen. Zurückhaltender geben sich die Iberer dagegen beim Konsum des geschriebenen Wortes. Selbst zu Beginn des 21. Jhs. gibt mehr als die Hälfte der Befragten an, im Jahr maximal ein Buch zu lesen. Auch die Tageszeitungen haben ihre treuesten Kunden unter den Betreibern der Bars und Cafés. Dort gehört es zum selbstverständlichen Service, mindestens zwei, drei Nachrichtenblätter auszulegen. Die auch im Ausland bekannteste Tageszeitung ist »El País«. Über mehr Interesse kann sich dagegen das spanische Radio freuen. Beliebt sind vor allem die *tertulias,* morgendliche oder abendliche Gesprächsrunden, bei denen die neuesten politischen und sozialen Ereignisse in prominenter Runde kommentiert werden.

Parteien

Seit König Juan Carlos I. 1975 als Staatsoberhaupt den Thron bestieg, ist Spanien eine Monarchie mit demokratischer Verfassung. Die aktive Landespolitik gestaltet jedoch der Ministerpräsident in Zusammenarbeit mit den von ihm eingesetzten Ministern. Das Staatsparlament hat seinen Sitz in Madrid mit 350 frei gewählten Abgeordneten und 255 Senatoren, zum Teil ebenfalls gewählt, zum Teil Delegierte der Autonomen Regionen (vergleichbar den deutschen Bundesländern). Die ersten demokratischen Wahlen nach der Franco-Diktatur wurden im Juni 1977 von der UCD (Union Demokratisches Zentrum) gewonnen, einer Partei, die heute keine Bedeutung mehr hat. Seit 1982 an der Regierung war die PSOE (Sozialistische Partei der Werktätigen Spaniens), geführt von Felipe González. In den Wahlen von 1996 wurde die rechtskonservative Volkspartei (PP) unter José María Aznar zur stärksten politischen Kraft, verfehlte aber die absolute Mehrheit.

Siesta

Als Nationalsport verulkt, als wichtiger Programmpunkt tatsächlich immer wieder von den Gewerkschaften verfochten, von der überwältigenden Mehrzahl der Spanier geliebt und genossen – die *siesta.* Eine rund vier Stunden währende Mittagsruhe teilt den Tag in zwei Abschnitte. Die Zeit zwischen 13 und etwa 17 Uhr gehört der Mittagsmahlzeit *(comida),* der Familie und einem kleinen Schläfchen. Viele Arbeiter und Angestellte kehren zur *siesta* nach Hause zurück, weshalb es in den Metropolen gegen 13 und 17 Uhr zu Stoßverkehr kommen kann.

Sprachen
Wer denkt, in Spanien sei es mit Spanisch getan, der irrt. Vier eigenständige Sprachen pflegt man heute als wichtiges Kulturgut. Drei Sprachen sind romanischen Ursprungs: *castellano* oder Hochspanisch, die Amtssprache, *catalán,* das in Katalonien bis hinein in den valencianischen Raum und auf den Balearen gesprochen wird, und *galego,* ein Vorläufer der portugiesischen Sprache. Baskisch ist hingegen eine völlig eigenständige Sprache.

Tuteo
Dieser Begriff beschreibt eine Modeerscheinung, die seit den Zeiten der Liberalisierung besonders in den spanischen Metropolen immer stärker um sich greift: Nicht nur junge Menschen, auch Personen gleicher sozialer Stellung, Berufskollegen, Nachbarn oder Partybekanntschaften duzen sich, *se tutean,* ohne dass ein besonderes Vertrauensverhältnis besteht. Von Landesfremden oder zwischen Angehörigen verschiedener sozialer Klassen wird dagegen auch heute noch bei der Anrede das höflichere *Usted* (Sie) erwartet und verwendet.

Wirtschaft
Das wichtigste Standbein der spanischen Wirtschaft ist der Dienstleistungssektor – vor allem der Tourismusbereich – mit einem Anteil von etwa 65 Prozent am spanischen Bruttoinlandsprodukt. 31 Prozent erwirtschaftet die spanische Industrie, die restlichen vier Prozent steuern Landwirtschaft und Fischerei bei. Die Arbeitslosenquote ist mit knapp 20 Prozent (1999) die höchste der EU.

Zigeuner
Zigeuner, *gitanos,* die über ganz Spanien verteilt leben, gehören fast alle der Gruppe der Roma an. Diese wanderten Ende des 14. Jhs. über Nordafrika in Andalusien ein, wurden u. a. von Philipp IV. und Karl III. verfolgt, haben sich aber bis heute eine eigene Sprache, Romani, und eine eigene Religion bewahrt.

Die Marco Polo Bitte

WWF

Marco Polo war der erste Weltreisende. Er reiste in friedlicher Absicht, verband Ost und West. Er wollte die Welt entdecken, fremde Kulturen kennen lernen, nicht zerstören. Könnte er heute für uns Reisende nicht Vorbild sein? Aufgeschlossen und friedlich sollte unsere Haltung auf Reisen sein. Dazu gehören auch Respekt vor Mensch und Tier und die Bewahrung der Umwelt.

Mehr als nur Paella

Andere Länder, andere Tischsitten: Die üppigste Mahlzeit nimmt man abends gegen 22 Uhr ein

Grundlage der traditionellen spanischen Küche bilden die zwei »a«, *ajo* und *aceite,* d.h. Knoblauch und Öl. Wobei beide Ingredienzien reichlich, die zweite Komponente möglichst als Kaltextrakt der Olive *(aceite de oliva virgen),* Verwendung finden. Damit ist auch schon die wichtigste Regel für spanische Speiseneulinge umrissen: Vorsichtig angehen lassen! Nicht jeder Magen ist gleich zu Ferienbeginn den oft deftigen Spezialitäten des Landes gewachsen.

Essenszeiten

Will man sich spanische Gewohnheiten zu Eigen machen, so beginnt der Tag mit einem leichten Frühstück *(desayuno)* gegen 8 Uhr, und zwischen 11 und 12 Uhr schließt sich eine kleine Zwischenmahlzeit *(almuerzo)* an, die meist in einer Bar eingenommen wird. Das Mittagessen *(comida),* üppig und gegen 14.30 Uhr relativ spät genossen, dürfte einer der Gründe für die ausgiebigen *siestas* sein. Das mehrgängige Abendessen *(cena),* die Hauptmahlzeit des Tages, setzt schließlich gegen 22 Uhr den nächtlichen Schlusspunkt.

Auf den spanischen Märkten, ob unter freiem Himmel oder in einer der betriebsamen Markthallen, herrscht ein farbenfrohes, appetitanregendes Obst- und Gemüseangebot

Speisenfolge

Die klassische Speisenfolge besteht aus drei Gängen: *primer plato* oder *entrante* (Vorspeise), *segundo plato* (Hauptgericht) und *postre* (Nachtisch). Der *café solo,* ein Espresso, oder ein *cortado,* Espresso mit einem Schuss Milch, rundet jede gute Mahlzeit ab. Anschließend gönnt man sich einen Brandy oder auch ein Glas Sekt.

Spezialitäten

Wohl jede Region des spanischen Festlands besitzt ihre eigenen Spezialitäten, deren Wurzeln nicht selten bis in die Rezeptbücher der römischen und arabischen Besatzungsmacht zurückreichen. Grob lässt sich das Festland in sechs kulinarische Gebiete einteilen: der Norden und Nordwesten mit feinen Saucen und vor allem einer immensen Auswahl an Meerestieren, von Muscheln und Austern über Krebse und Langusten bis zu Kraken und Tintenfischen; das Ebro-Tal im Nordosten mit deftigen Wild- und Gemüsegerichten; Katalonien mit Fisch und Geschmortem; die Ostküste mit vielfältigen Reisgerichten; der Süden mit seinen *fritos* (Frittiertem) und das Zentrum und Extremadura mit lange gegarten Eintopfgerichten wie dem klassischen *cocido madrileño* aus verschiedenen Fleisch- und Wurstsorten, Kichererbsen und verschiedenem Gemüse. In ganz Spanien darf man sich mittlerweile auf eine Paella freuen. Die ursprünglich aus València stammende Reisplatte wird in zahlreichen Varianten serviert, wobei die Basis – (Safran-)Reis, Öl und frische Gemüse – stets gleich bleibt.

Tapas

Die spanische Variante des Fastfood hat ihre Ursprünge in Andalusien, ist heute aber aus der Alltagskultur ganz Spaniens nicht mehr wegzudenken – und hat ihren Siegeszug mittlerweile ja auch in die Szenekneipen von Berlin, Hamburg und München ausgedehnt. Vom einfachen Scheibchen Wurst über eine Handvoll gebackener Tintenfischringe oder frittierter Sardellen bis zu Datteln im Speckmantel – der Phantasie der Wirte sind keine Grenzen gesetzt. Bestellt man statt einer *tapa* eine *ración*, wird aus den zwei, drei Bissen ein kleines (Zwischen-)Gericht. Klassische Tapazeit ist der frühe Abend zur Stunde des Aperitifs, aber Sie können sich mühelos auch einen ganzen Abend mit Tapas die Zeit und den Hunger vertreiben. Bei einem solchen Zug durch die Tapabars zahlen alle vorher in einen *fondo* ein – oder es zahlt immer abwechselnd einer für alle.

Trinken

Gut und günstig beraten ist man fast immer mit dem Hauswein *(vino de la casa)*. Wichtige Anbaugebiete für Tafel- und Qualitätsweine liegen bei Valladolid, in La Rioja, Navarra, Katalonien, La Mancha und in Andalusien. Für alle Qualitätsweine schreibt das spanische Landwirtschaftsamt eine Herkunftsbezeichnung (Denominación de Origen oder kurz: D. O.) vor. Derzeit gibt es in Spanien über 40 dieser ausgewiesenen Gebiete. Am bekanntesten ist der (meist rote) Rioja. In jüngster Zeit haben vor allem ambitionierte Winzer aus Katalonien begehrte Spitzenweine erzeugt. Aber auch den wenig bekannten galicischen Albariño, eine edle Variante des portugiesischen *vinho verde,* sollten Sie einmal probieren.

Vor allem in Katalonien gibt es namhafte *cavas,* Schaumweine, die im *método tradicional* hergestellt werden, also im traditionellen Champagnerverfahren, das EU-rechtlich aber nicht so genannt werden darf. Weltweiten Ruf genießt auch eine weitere spanische Spirituose: Wein aus den Anbaugebieten um Jerez herum, geläufiger unter der englischen Bezeichnung Sherry. Die in die ganze Welt exportierte Spezialität gönnt man sich gern als Aperitif. Ein Gläschen Weinbrand, in Spanien mit *coñac* oder schlicht mit dem Markennamen bezeichnet, gehört an den Schluss einer Mahlzeit.

Einheimisches wie importiertes Bier *(cerveza)* gibt es frisch gezapft *(caña)* und als Flasche *(una botella de cerveza).*

Tee wird in Spanien bestenfalls als Kräuteraufguss getrunken *(infusión)* – Kaffee hat Kultur. Um hier mithalten zu können, sollten Sie ein kleines Stammvokabular beherrschen: *café con leche* (Milchkaffee), *cortado* (Espresso mit wenig Milch), *café solo* (Espresso), *café americano* (ein gestreckter Espresso, schwarz), *café con hielo* (Kaffee mit Eiswürfeln), *carajillo* (Espresso mit einem Schuss Rum, Whisky oder Cognac).

Zu den außerhalb Spaniens zu Unrecht kaum bekannten alkoholfreien Landesgetränken gehört die *horchata,* die aus der Chufanuss mit Mandelgeschmack gewonnen wird. Die *lemonada* bezeichnet eine zitronenhaltige, die *naranjada* eine orangenhaltige Erfrischung. Säfte werden mit dem Wort *zumo* bestellt. Da Erfrischungsgetränke häufig mit Eiswürfeln serviert werden, sollten sich Eisabstinenzler den Zusatz *sin hielo,* ohne Eis, merken.

Restaurants und Bars

Die meisten Restaurants legen einen Ruhetag ein, häufig ist dies der Sonntag oder der Montag. Betriebsferien liegen meist im August oder um Neujahr.

Hinweise über die Art der Lokalausstattung und das zu erwartende kulinarische Angebot gibt schon die Gattungsbezeichnung: So darf man bei einer *bodega* normalerweise einen urigen, rustikalen Weinkeller vermuten. Hier werden fast immer auch Tapas serviert. Mit *tasca* und *taberna* wurden früher Kartenzocker-Spiellokale und Speisesäle vor allem im Süden Spaniens benannt. Heute bezeichnen diese beiden Begriffe oft ganz allgemein eine Kneipe oder ein Weinlokal, in dem Sie auch essen können; bisweilen haben sie aber auch einen etwas abfälligen Beiklang. Aus der *taberna* ist der *comedor* geworden. Meist sind das einfache, saubere Lokale, die ein Menü zu erstaunlich günstigen Preisen anbieten. Eine *cervecería,* eine Bierstube, bietet fast immer neben einer breiten Auswahl an Bieren auch Tapas an. Und auch die *cafeterías* bereiten einfache Menüs, häufig *a la plancha:* Hier wird all das serviert, was sich auf diesen typisch spanischen Röstplatten toasten lässt. Etwas höher angesiedelt und besser angesehen sind dagegen die *restaurantes* und *mesones* mit Essen à la carte und oft auch einem Mittags- oder Abendmenü.

Alles Gute kommt von oben: In vielen spanischen Bars dürfen Freunde des Serrano-Schinkens das wörtlich nehmen

Die Mehrwertsteuer in Höhe von acht Prozent ist normalerweise im ausgewiesenen Preis enthalten; anderenfalls muss die Karte den Vermerk *precios sin IVA* oder *IVA excluido* aufweisen. Um die Rechnung bittet man mit den Worten *La cuenta, por favor.*

Original oder Kopie

Einer mächtigen Souvenirindustrie steht heute wieder eine wachsende Zahl echter Kunsthandwerker gegenüber

Der Begriff »Kitsch« hat im Spanischen kein entsprechendes Gegenstück, obwohl er gerade für die unzähligen kleinen und mittleren Betriebe der Souvenirindustrie erfunden worden sein könnte. Milde lächeln kleine Plastikmadonnen in aufgeschütteltem Schneetreiben, reiten gleich Hundertschaften maschinell geschnitzter Don Quichotes gegen unermüdliche Windräder oder karikieren rostanfällige Säbel die ausgereifte Schmiedekunst seriöser Waffenmanufakturen aus Toledo.

Aber dies ist nur die eine Seite der Medaille – das Bild der tief dekolletierten Zigeunerin hängt schließlich auch über manch mitteleuropäischer Couch. Einige Regionen des iberischen Festlands haben sich dagegen zu Hochburgen des Designs und des guten Geschmacks entwickelt.

Spanien zählt neben Japan zu den weltgrößten Fächerproduzenten; die Hochburg der iberischen Manufaktur ist die Region *València.* Funktionstüchtige Gebrauchsfächer gibt es bereits ab 15 bis 20 Mark, ein handbemaltes Spitzenstück – Speichen aus Ebenholz oder Perlmutt, das Blatt aus Seide – kann dann aber leicht bis 1000 Mark kosten.

Die weltbesten Gitarren kommen aus dem Zentrum und dem Süden Spaniens. Erste Adresse ist *Félix Manzanero (C. Santa Ana 12, Madrid).*

Bei guter Qualität nicht mehr günstig ist Leder. Die Reibeprobe (Farbe?), eine leichte Zugprobe (Farbrisse, Aufwerfungen?) und im Zweifelsfall die Tropfenprobe (Wassertropfen darf nicht wegsickern!) geben schnell Aufschluss über die Qualität von Nappaleder. Zentrum der spanischen Schuhfabrikation ist *Elx.*

Ganze 25 Messermacher fabrizieren noch in *Taramundi* (Asturien) ihre typischen Messer mit Holzgriff. Messer und Säbel mit Goldeinlagen (die Technik geht auf die Araber zurück) stellt man hingegen in *Toledo* her, z.B. *Juan Martín Linares (C. Pontezuelas 28).*

Im Laufe der Siebziger- und Achtzigerjahre verdrängte vielerorts Plastik die traditionellen Ton- und Keramikwaren. Erst neuerdings besinnt man sich wieder auf alte Techniken und Formen. In vielen Regionen lebt das alte Töpferhandwerk wieder auf: *Toledo, Granada, Sevilla, Manises/València, La Bisbal/Girona, Lorca/Murcia.*

Messer und Säbel mit Gold- und Silbereinlagen: am besten aus Toledo

Carnaval, Fiesta und Feria

In keinem anderen Land Europas wird so gern, so oft und so ausgelassen gefeiert wie in Spanien

OFFIZIELLE FEIERTAGE

1. Januar *(Año Nuevo)*, 6. Januar *(Día de los Reyes Magos)*, Karfreitag *(Viernes Santo)*, 1. Mai *(Fiesta del Trabajo)*, 15. August *(Asunción de la Virgen)*, 12. Oktober *(Día de la Hispanidad)*, 1. November *(Todos los Santos)*, 6. Dezember *(Día de la Constitución)*, 8. Dezember *(Inmaculada Concepción)*, 25. Dezember *(Navidad)*.

Je nach Region kommen noch weitere Feiertage dazu. Fällt ein Feiertag auf einen Sonntag, ist meist der Montag Feiertag.

RELIGIÖSE FEIERTAGE UND LOKALE VERANSTALTUNGEN

Januar

Reyes Magos (Heilige Drei Könige): Spanische Kinder wurden ursprünglich an diesem Tag beschert. Ein gewisser Pragmatismus hat jedoch dazu geführt, dass viele Eltern ihr Weihnachtsfest auf den 24. bzw. 25. Dezember vorverlegten.

Auf vielen Festen zwischen Barcelona und València kann man die Menschenpyramiden, die castellers, erleben

Februar

Unter Franco verboten, erholt sich der *Karneval* nur langsam. Einer der Kultorte ist heute Cádiz, wo man ein ausgelassenes Fest mit Straßenumzügen, Festwagen und Stiertreiben feiert.

März

Am 19. März wird *San José* in València gefeiert. Der Legende nach zündeten die Tischler der Stadt am Tage des San José ihre Holzabfälle an, die sich im Laufe eines langen Winters angesammelt hatten. Heute gehören die *fallas de Valencia* zu den beliebten Höhepunkten des Festkalenders der gesamten Region.

März/April

Die ★ *Semana Santa* schließt die gesamte Karwoche von Palmsonntag bis Ostersonntag in die beeindruckenden Festlichkeiten ein. Des Passionswegs Christi wird in dramatischen Prozessionen gedacht, die im Schein der Fackeln, begleitet vom dumpfen Schlag der Tamboure, barfuß durch die Innenstädte ziehen. Die Büßer organisieren sich in Bruderschaften mit einheitlichen Gewändern. Besonders authen-

MARCO POLO TIPPS FÜR FESTE

1 Semana Santa
Dramatische Prozessionen im Fackelschein, besonders schön in Andalusien und Kastilien (Seite 25)

2 Santiago Apóstol
Sechs Tage lang Fiesta in Santiago zu Ehren des berühmten Heiligen (Seite 27)

tisch erlebt man die *Semana Santa* in Sevilla, Granada und Málaga (Andalusien), Valladolid, Cuenca und Zamora (Kastilien) und Lorca (Murcia).

April

Der Warnruf »Moros« schallte vor gut sechs Jahrhunderten von vielen Wachtürmen der spanischen Mittelmeerküste. Nie verhieß er Gutes, und der Ausgang der Schlachten iberischer Christen gegen die maurischen Eroberer war immer höchst ungewiss. Heute hat das Kriegsglück einen festen Partner; bei den alljährlichen Aufmärschen der *moros y cristianos* siegt grundsätzlich das Kreuz. Besonders sehenswert ist das Spektakel in Alcoy bei Alicante am 23. April.

Der 23. April gehört auch *San Jorge* (in Katalonien: Sant Jordi), der als Schirmherr der Dichter und Denker gilt: Einer alten Sitte zufolge beschenken Frauen ihre Männer mit einem Buch; diese wiederum revanchieren sich mit einer Rose.

Mai/Juni

Pfingstmontag in Andalusien: Vor allem Spaniens heißer Süden pflegt von alters her Pilgerzüge *(romería)*, die zur Pfingstzeit mit Pferd und Wagen zur nächstgelegenen Kirche aufbrechen. Die kleine Ortschaft El Rocío im äußersten Südwesten Spaniens, zwischen Huelva und Jerez, zählt zu den wichtigsten Orten der *romerías.* Noch atmet dort das Land die Frische des Frühlings, wenn das Jungfrauenbildnis *(La Blanca Paloma)* unter Tränen und Gebeten aus der Kapelle getragen wird.

Juni

24. Juni: *San Juan,* das Mittsommerfest, feiert man in verschiedenen Regionen Spaniens mit großen Feuern, die in der Nacht vom 23. zum 24. entzündet werden. Berühmt ist die *Verbena de San Juan* in Barcelona.

Eine Woche im Juni: Beim fünftägigen *Jazzfestival* klingen melodischer Swing und erstklassiger Jazz durch die Gassen von Gasteiz.

Juli

6.–14. Juli: Stiertreiben in Pamplona. Ernest Hemingway ließ sich von den *Sanfermines de Pamplona* zu seinem Roman »Fiesta« inspirieren. Seinen prägnanten Charakter hat das 8-Tage-Marathon-Fest zu Ehren des Stadtheiligen San Fermín bis heute erhalten. Pünktlich um acht Uhr eines jeden Festtages öffnet man die Gatter der Stierpferche und überlässt den Tieren die Stadt. Nur die Mutigsten der Region überspringen die Schutzgitter, um es mit 250 kg gehörntem Lebendgewicht aufzunehmen. Fast in jedem Jahr gibt es beim traditionellen (und nicht unumstrittenen) Stiertreiben Verletzte. Der überschäumenden Lebensfreude des Festes konnte dies bisher keinen Abbruch tun.

25. Juli: ★ *Santiago Apóstol* in Santiago. Sechs Tage braucht das Fest zu Ehren des hl. Jakob, um seinem Höhepunkt zuzustreben. In Santiago de Compostela treffen sich Fiestafreunde und Pilger, Akrobaten, ambulante Händler, Folkloregruppen und Kammerorchester und veranstalten, was sonst selten gelingt: ein Fest, das jeden mitreißt, ohne dabei an Ernst zu verlieren. Zentren der Veranstaltungen sind die Plätze Quintana und de Toural.

August

Das Mysterienspiel der Stadt Elx *(Misterio de Elche)* am 14./15. August wurde im 13. Jh. im Andenken an die Jungfrau Maria geboren. Bis heute dürfen nur männliche Schauspieler mitwirken. Schlüsselort: die Basílica de Santa María.

Oktober

Am 12. Oktober findet die *Fiesta de Pilar* in Zaragoza mit Umzügen, Ausstellungen, sportlichen Wettbewerben und Tausenden von Blumen statt.

Dezember

24. Dezember (*Nochebuena*, kein Feiertag) und 25. Dezember *(Navidad)* werden traditionell lediglich für Essen im Familienkreis genutzt.

31. Dezember *(Nochevieja)*; wichtigster nationaler Neujahrsbrauch: das Traubenessen. Bei jedem der zwölf Gongschläge zum Jahreswechsel wird eine *uva* gegessen.

FERIAS

Feria, das ist Farbe, Ausgelassenheit, Musik, Tanz und Trubel: Die Spanier nehmen eine Landwirtschafts- oder Gewerbeschau zum Anlass, um ein Fest voller Lebensfreude zu feiern. Die Hauptzeit der Ferias sind die Saat- und Erntemonate von April bis Oktober.

Wichtige Ferias

Mitte/Ende April: Weltweiter Bekanntheit erfreut sich zu Recht die *Feria de Sevilla:* mit Stierkämpfen, Pferdeparaden, Tanz und Gesang. Ende April/Anfang Mai: der große *Pferdemarkt von Jerez de la Frontera;* Ende Mai: *Feria de Córdoba;* Ende Juni: *Feria de Burgos;* Ende Juli: *Fèria de València;* Ende Juli/Anfang August: *Feria de Málaga;* Mitte August: *Feria de Bilbao;* Anfang September: *Feria de Salamanca;* Mitte/Ende September: *Fèria de Barcelona;* Anfang Oktober: *Feria de Zaragoza.*

Umzugsfiguren bei den sehenswerten fallas de València im März

METROPOLIS
46 MUNCLUA GRAN VIA
TAXI

Die feurige, quirlige Schöne

Spaniens kulturelles und politisches Zentrum zählt zu den lebendigsten Metropolen Europas

In der quirligen Landeshauptstadt gehen die Uhren doppelt so schnell wie sonst irgendwo in Spanien. Hier wird Staatspolitik gemacht, werden die großen Geschäfte abgeschlossen, hier residiert die spanische Königsfamilie, und von hier aus werden die Geschicke unzähliger Konzerne gelenkt. Madrid macht vor allem den *madrileños* selber Spaß; die Landsleute aus der spanischen Provinz beargwöhnen die unglaubliche Vitalität der 3-Millionen-Stadt, leiden unter der beständigen Smogglocke, die über Madrid vom Monte de El Pardo im Norden bis zur Hochebene von Ocaña im Süden hängt, und fürchten die morgendliche, mittägliche und abendliche Hektik der Rushhour. Man muss schon

Im Herzen Madrids: das Metropolis-Gebäude an der Gran Vía

Hotel- und Restaurantpreise

Hotels
Kategorie 1: über 120 Mark
Kategorie 2: 80 bis 120 Mark
Kategorie 3: bis 80 Mark

Die Preise beziehen sich auf ein Doppelzimmer pro Nacht, Frühstück meist nicht inbegriffen. Der Preis kann saisonabhängig stark schwanken.

Restaurants
Kategorie 1: über 45 Mark
Kategorie 2: 25 bis 45 Mark
Kategorie 3: bis 25 Mark

Die Preise gelten für ein Essen mit Vorspeise, Hauptgericht und Nachspeise beziehungsweise für ein für das jeweilige Lokal typisches Menü.

Wichtige Abkürzungen

C.	Calle/Carrer	**Pl.**	Plaza/Plaça
N	Carretera Nacional	**Av.**	Avenida/Avinguda

Zeit mitbringen und angesichts eines schier unendlichen Angebots an Unterhaltung gut auswählen, um in der Kulturhauptstadt Europas 1992 nicht hoffnungslos verloren zu gehen. Ausführliche Informationen finden Sie im MARCO POLO Band »Madrid«.

BESICHTIGUNGEN

Altes Madrid **(U/A–E 4–6)**
Madrid schlummerte bis zum Jahre 1561 in einem Dornröschenschlaf. Damals machte Felipe II das Dorf zur Hauptstadt seines Königreichs. Ihm und den später folgenden Bourbonen – hauptsächlich Carlos III – sind die prachtvollsten Bauwerke und Gartenanlagen zu verdanken, die sich fast ausnahmslos im *Madrid de los Austrias,* dem alten Madrid, konzentrieren. Im Westen umrissen vom Campo del Moro und im Osten begrenzt vom Parque del Retiro, bildet das Zentrum mit der *Pl. Mayor,* 1619 von Felipe III in Auftrag gegeben, noch heute den Nabel der Stadt. Von hier aus erschließen kleine Gassen und Sträßchen das umliegende schöne Altstadtviertel, eine Einladung für die Erkundung zu Fuß.

Palacio Real **(U/A 4)**
★ Die barocke Erinnerung an Madrids königliche Glanzzeiten, fertig gestellt unter Karl III. (1764). Der Palast besitzt an die 2000 Räume, von denen heute 50, teilweise prachtvoll ausgemalte Säle besichtigt werden können, vorausgesetzt, Spaniens König Don Juan Carlos gibt gerade keinen Staatsempfang. Auf dem gleichen Terrain liegen die königliche Apotheke *(Real Farmacia),* das Waffenmuseum mit einzigartigen Sammlerstücken *(Real*

Ein Platz an der Sonne, nicht nur für den König: der barocke Königspalast am Westrand der Madrider Altstadt beim öffentlichen Park Campo del Moro

MARCO POLO TIPPS FÜR MADRID

1 El Prado
Weniger ein Tipp als vielmehr ein Muss (Seite 33)

2 Tapabars
Ein abendlicher Tapatörn durch die Bars der Hauptstadt gehört dazu (Seite 33)

3 Palacio Real
Elegant-pompöser Charme (Seite 30)

4 Parque del Retiro
Entspannung nach einem aufreibenden Besichtigungsmarathon (Seite 31)

Armería), die königliche *Bibliothek* mit 300 000 seltenen Bänden und Manuskripten und ein der Handwerkskunst gewidmetes *Museum.* In der angrenzenden Parkanlage Campo del Moro finden Sie das *Kutschenmuseum. Jeweils separate Eintritte, Winter Mo–Sa 9.30–17.30, So 9–14 Uhr, Sommer Mo–Sa 9–18, So 9–15 Uhr*

Parque del Retiro (U/E–F 4–6)
★ In früheren Zeiten diente das eigennützige Werk von Felipe IV spanischen Königen zum Ausspannen vom anstrengenden Regierungsgeschäft; heute erholen sich in der 120 ha großen Parkanlage mit 15 000 Bäumen vor allem japanische und europäische Urlauber nach aufreibendem Besichtigungsmarathon; spanische Familien nützen das grüne Fossil im Stadtzentrum vor allem am Wochenende. Im gläsernen *Palacio de Cristal* wird vor allem Kunst gezeigt. Die wahre Ruhe findet man allerdings erst zwischen den rund 30 000 verschiedenen Pflanzen im Botanischen Garten, dem *Real Jardín Botánico,* am Südwestende des Parks.

Puerta del Sol (U/C 4–5)
Der stets verkehrumtoste Knotenpunkt und wichtige Treffpunkt im Herzen von Madrid verdankt seinen Namen »Sonnentor« einem früheren Durchgang in der längst verschwundenen Stadtmauer. Hier befindet sich Kilometer null aller spanischen Nationalstraßen, und von hier aus führt eine der lebendigen Altstadtstraßen, die *C. del Arenal,* hinunter zum Campo del Moro und zum Königspalast.

Torre Picasso (O)
Nachts besonders spektakulär: das höchste Gebäude Madrids am *Paseo de la Castellana,* geplant vom japanischen Stararchitekten Minoru Yamasaki.

MUSEEN

Mehr als 30 hochkarätige Museen, unzählige feste Ausstellungen und Gedenkstätten machen die höchstgelegene Hauptstadt Europas (646 m) zum kulturellen Mekka.

Centro de Arte Reina Sofía (U/D6)
Dalí, Picasso, Miró, Tàpies, Cossío – die Reihe klangvoller Namen aus Spaniens jüngster Kunstgeschichte (fast ausschließlich 20. Jh.) will kein Ende nehmen. In diese junge Sammlung (eingeweiht 1990) ist auch der

Ruheoase für Madrider wie Touristen mitten in der Stadt: Parque del Retiro

Bestand des ehemaligen Nationalmuseums zeitgenössischer Künste eingeflossen. Publikumsmagnet: Picassos weltberühmtes »Guernica«-Gemälde. Zusätzlich finden in einigen der 23 Säle wechselnde Ausstellungen statt. *Mo und Mi–Sa 10–21 Uhr, So 10 bis 14.30 Uhr, C. Santa Isabel 52*

Convento de las Descalzas Reales (U/C 4)

Das interessantere und ältere der zwei Klöster aus dem 16. Jh. in der Innenstadt: Gemälde, antikes Mobiliar, Wandteppiche. *Di–Sa 10.30–12.30, Di–Do und Sa auch 16–17.30 Uhr, So 11–13 Uhr, Pl. de las Descalzas 3*

Museo de América (O)

Eine reiche Sammlung von präkolumbischen Gebrauchsgegenständen und Schmuck aus Südamerika. Schwerpunkte sind Peru und Mexiko. Höhepunkt der Schatz der Quimbaya-Indios. *Di–Sa 10–15, So 10–14.30 Uhr, Av. Reyes Católicos 6*

Museo Arqueológico Nacional (U/E 3)

Die umfassendste archäologische Sammlung Spaniens mit Fundstücken aus der Prähistorie bis in das 18. Jh. Höhepunkte: eine Reproduktion der Höhlenmalereien von Altamira, der Grabschatz von Huelva, die Frauenbüste von Elche und eine 180 000 Einzelstücke umfassende Münzsammlung. *Di–Sa 9.30–20.30 Uhr, So 9.30–14.30 Uhr, C. Serrano 13*

Museo de Cera (U/E 3)

Zeitgenössische Politiker und historische Persönlichkeiten in

Wachs gegossen. *Tgl. 10–14 und 16–20.30 Uhr, Paseo de Recoletos 41*

Museo del Ejército **(U/E 5)**
Eine der umfangreichsten Rüstungssammlungen in Europa. Möglicherweise soll sie demnächst einer Erweiterung des Prado weichen und nach Toledo umziehen. *Di–So 10–14 Uhr, im Palacio del Buen Retiro, C. Méndez Núñez 1*

Museo del Prado **(U/E 5)**
★ Eine der bedeutendsten Gemäldesammlungen der Welt, mit vielen Hundert Werken u. a. von Zurbarán, El Greco, Tiziano, Velázquez, Bosch, Rembrandt, Murillo und den blauschwarzen Bürgerkriegsschrecken Goyas im Tiefgeschoss. Ein Madrid-Muss. *Di–Sa 9–19, So und Feiertage 9–14 Uhr, Paseo del Prado*

Museo Thyssen-Bornemisza **(U/D 5)**
Im Palacio Villahermosa sind über 700 Meisterwerke aus sieben Jahrhunderten zu sehen: italienische Meister, mittelalterliche und barocke Kunst, avantgardistische Gemälde… *Di–So 10–19 Uhr, Paseo del Prado 8*

CAFÉS UND RESTAURANTS

Madrid ist mit seinen Zuwanderern groß geworden. Das spiegelt sich auch in der Küche wider: Es fehlt weder an nationalen noch an internationalen Impulsen.

La Bola **(U/B 4)**
Eintopfgerichte *a la madrileña*, zentral gelegen. *C. La Bola 5, Tel. 915 47 69 30, Kategorie 2*

Café Gijón **(U/E 3)**
Frühstück oder der *cortado* zum Verdauen sind angesagt im ehemaligen Szene- und Intellektuellentreff. *Paseo de Recoletos 21*

Casa Paco **(U/B 5)**
Eine der Institutionen unter den *tascas* der Hauptstadt. Spezialität: Fleisch frisch vom Grill. *Puerta Cerrada 11, Tel. 913 66 31 66, Kategorie 1–2*

Malacatín **(O)**
Eintopf *(cocido madrileño)* und sonst gar nichts, der aber in hervorragender Qualität. *C. Ruda 5, Tel. 913 65 52 41, Kategorie 3*

Or-Dago **(O)**
Gutes Preis-Leistungs-Verhältnis bei bester baskischer Küche. Liegt etwas außerhalb des Zentrums. *C. Sancho Dávila 15, Tel. 913 56 71 85, Kategorie 1*

El Schotis **(U/B 5)**
Traditionelle Küche in einem der alteingesessenen Restaurants von Madrid. Schwerpunkt Fleisch. *Cava Baja 11, Tel. 913 65 32 30, Kategorie 1–2*

Tapas
★ Aus der Unzahl von Tapakultstätten ragen heraus: die leider oft sehr volle, schon 1860 gegründete *Casa Labra* (**U/C 4**, *C. Tetuán 12)*, die Tapatheke des noch älteren und exklusiveren *Lhardy* (**U/C 4–5**, *Carrera de San Jerónimo 8)*, die *Taberna del Alabardero* (**U/B 4**, *C. Felipe V 6)* und *La Mi Venta* (**U/B 4**, *Pl. de la Marina Española 2)*, wo man eine Auswahl der besten iberischen Schinken bekommt.

EINKAUFEN

Groß in Mode gekommen sind die noblen Boutiquen- und Konfektionsadressen in der *C. Serrano*

(**U/E 1–3**) im gutbürgerlichen Salamanca-Viertel und in der *C. Almirante* (**U/D–E 3**), die zum kostenlosen Schaufensterbummel einladen.

Auch einen Markttag im *Mercado San Miguel* (**U/B 5**, *Pl. San Miguel, Nähe Pl. Mayor)* sollten Sie sich gönnen. Beliebt und spektakulär wie der Pariser Flohmarkt: *El Rastro, vormittags an Sonn- und Feiertagen in der C. Ribera de Curtidores* (**U/B 6**) *und umliegenden Straßen.*

ÜBERNACHTUNG

Asturias (**U/C 4**)
Gut, sauber, ordentlich renoviert und nicht zu teuer. *175 Zi., C. Sevilla 2, Tel. 914 29 66 76, Fax 914 29 40 36, Kategorie 2*

Husa Serrano (**U/E 2**)
Beste Wohngegend, ruhig, gediegen, nicht weit vom Zentrum im Stadtteil Salamanca. Gute Ausstattung mit TV und Airconditioning. Vernünftiges Preis-Leistungs-Verhältnis. *34 Zi., C. Marqués de Villamejor 8, Tel. 914 35 52 00, Fax 914 35 48 49, Kategorie 1*

Inglés (**U/C 5**)
Zentral in einem belebten Viertel der Innenstadt, einfache Ausstattung, aber gemütlich. *58 Zi., C. de Echegaray 8, Tel. 914 29 65 51, Fax 914 20 24 23, Kategorie 2*

Mónaco (**U/D 4**)
Einfach und zugleich mit einem Hauch von Extravaganz. *32 Zi., C. Barbieri 5, Tel. 915 22 46 30, Fax 915 21 16 01, Kategorie 2–3*

Puerta de Toledo (**U/B 6**)
Gehobene Mittelklasse, typisches Outfit eines Stadthotels bei zentraler Lage und noch tragbaren Preisen. *152 Zi., Glorieta Puerta de Toledo 4, Tel. 914 74 71 00, Fax 914 74 07 47, Kategorie 1–2*

AM ABEND

Was tagsüber an Lebenslust auf der Strecke bleibt, holen die Madrileños nach Sonnenuntergang nach: Dann brummt Madrid wie ein Bienenstock, stellenweise bis in die frühen Morgenstunden hinein. Zu den Zentren abendlichen bzw. nächtlichen Treibens werden u. a. die *Pl. de Santa Bárbara*, die *C. Alonso Martínez* und die *C. Bilbao.*

Ideal für den frühen Abend ist die *Bar Musical 63 (C. Caños Vieja 2)* unter alten Bäumen. Ein bisschen »snobby« ist das *Zenith (Paseo de Recoletos)* mit breiter Terrasse. Im *Chiringuito (Paseo de Camoens)* ist es im Sommer immer einige erleichternde Grade kühler. Unter freiem Himmel ist im *Castellana 8 (Paseo de la Castellana 8)* vom Studenten bis zum Broker alles zu sehen. Ein Klassiker mit hohem Bekanntheitsgrad unter Madrids Nachtschwärmern ist *Los Gabrieles (C. Echegaray 17).* Das *Hanoi (C. Hortaleza 81)*, eine geräumige Bar mit Diskomusik, eignet sich weniger zum Tanzen als zum Schauen.

AUSKUNFT

Oficina de Turismo
Puerta de Toledo (**U/B 6**), *Tel. 913 64 18 76; Pl. Mayor 3* (**U/B–C 5**), *Tel. 915 88 16 36, Fax 913 66 54 77, www.softguides.com/guia_madrid*

Oficina de Información Juvenil (**U/B 4**)
Spezielle Informationen für Jugendliche. *C. Caballero de Gracia 32, Tel. 915 21 39 60*

ZIEL IN DER UMGEBUNG

El Escorial **(162/C 3)**
Rund 50 km nordwestlich von Madrid liegt der kleine Ort *San Lorenzo de El Escorial,* der vom mächtigen Klosterpalast El Escorial beherrscht wird. El Escorial, erbaut unter Felipe II von 1563 bis 1584, sollte gleich drei Zwecke erfüllen: als Palast und Sommersitz des Königs dienen, als Kloster an den Leidensweg des Sankt Lorenz erinnern und als Mausoleum für die iberischen Monarchen da sein. Die spanischen Baumeister Juan de Toledo und später Juan de Herrera schufen deshalb ein äußerlich beeindruckendes Bauwerk von gewaltigen Dimensionen (208 x 162 m) mit 2673 kleinen Fenstern, die den Eindruck einer Bastion noch verstärken, mit über 1200 Türen und 86 Treppen. Der Innenausbau kontrastiert dazu mit einer unglaublichen Pracht. Maler wie Tizian, El Greco, Zuccari oder Tibaldi schufen Decken- und Wandgemälde von unschätzbarem Wert. Besichtigt werden können die Bibliothek, der *Patio des los Reyes* und weite Teile des Klosters *(Okt.–März Di–So 10–18 Uhr, April–Sept. Di bis So 10–19 Uhr).*

Zwischen Palast und Ort dehnen sich die Wälder und Weideflächen von *La Herrería* aus. Bei einem Spaziergang trifft man hier auf den »Stuhl des Königs«, die *Silla de Felipe II,* von wo aus der Monarch die Baufortschritte begutachtet haben soll.

Rey Felipe II war kein Freund des Understatements: Sommersitz El Escorial

Im grünen Norden

Grün das Land, verschlossen die Menschen an Spaniens Atlantik-Küste

Kaum ein Tag, an dem es nicht regnet. Selbst im Sommer, wenn weite Teile Spaniens in der Sonne dörren, bleibt der Norden der Iberischen Halbinsel grün. Einsame Berghöfe in fruchtbaren Auen an der Nordflanke des Kantabrischen Gebirgszuges erinnern an die Alpen; Galicien im äußersten Nordwesten hält dagegen landschaftlichen Vergleichen mit Irland stand. Und auch die Bräuche und die Mentalität der Bevölkerung unterscheiden sich vom restlichen Spanien: So gehören im Baskenland Kraftspiele wie Wettsägen oder Steinwuchten zum Festtagsvergnügen, die wehrhaften Kantabrer rühmen sich noch heute, allen Besatzungsmächten standgehalten zu haben, in Asturien und Galicien ist das keltische Erbe vor allem in der Musik lebendig, und in den vielen kleinen Ortschaften Galiciens kämpft, wie vor Jahrhunderten, der Glaube des Dorfpfarrers gegen den Aberglauben seiner Gemeinde.

Seit über tausend Jahren zieht es die Pilger nach Santiago de Compostela – und dort als Erstes natürlich in die Kathedrale mit dem Grab des Apostels

A CORUÑA (LA CORUÑA)

(156/A–B 2) Seit wahrscheinlich 1800 Jahren wacht am Ende einer Landzunge der gewaltige Leuchtturm über das heutige Tor zum transatlantischen Handel und eine der wichtigsten Fischereiindustrien der westlichen Atlantikküste. Die *Torre de Hércules,* nur im 17. Jh. einer zweimaligen Renovierung unterzogen, ist der einzige römische Leuchtturm der Welt, der heute noch seinen Dienst versieht – und das Wahrzeichen von A Coruña.

Das lebendige Herz der Stadt (250 000 Ew.) schlägt jedoch etwa 2 km weiter südlich, im modernen Hafengebiet um die palmengesäumten ✪ *Jardines de Méndez Núñez* herum und in der sich anschließenden, ruhigeren Altstadt an deren Zentrum, der *Pl. de María Pita.*

Beim Bummel an der Hafenpromenade *Av. de la Marina* finden Sie besonders zahlreich eine architektonische Besonderheit A Coruñas: die von oben bis unten verglasten Erker und Loggien an der Vorderfront der Häuser, die A Coruña zur *Ciudad de Cristal,* zur Glasstadt, machten.

Der römische Herkulesturm an der Ría von A Coruña versieht noch heute seinen Dienst wie schon vor fast 2000 Jahren

BESICHTIGUNGEN

Iglesia de Santa María
Die Kirche (romanisch, 12.–14. Jh.) lohnt vor allem wegen des skulpturengeschmückten Hauptportals. *Tgl. 8.30–13 und 17–19 Uhr, Santa María del Campo*

Iglesia de Santiago
A Coruñas älteste Kirche, ebenfalls im 12. Jh. im romanischen Baustil errichtet. *Tgl. 8–13.30 und 18–20.30 Uhr, Pl. Fariña*

Jardín de San Carlos
Eine Parkanlage in der Altstadt mit schönem Panoramablick auf Hafen und Meer. Von hier aus lassen sich bequem zu Fuß die wichtigsten Sehenswürdigkeiten erkunden.

Plazuela de las Bárbaras
Kloster und Kirche Santa Bárbara aus dem 15. Jh., gelegen an einem besonders schönen, ruhigen Platz.

MUSEEN

Domus – La Casa del Hombre
Eine hochinteressante interaktive Ausstellung zur Entwicklungsgeschichte des Menschen und zur Funktion des Körpers, 1995 eingeweiht und schon an der Spitze der Besucherzahlen spanischer Museen. *Di–Sa 11–21 (Okt.–Mai 10–19) Uhr, So 11–14.30 Uhr, C. Santa Teresa 1*

Museo de Bellas Artes
Das Museum der schönen Künste ist in der ehemaligen *Casa de*

Consulado untergebracht; hier sind vor allem galicische Künstler ausgestellt. *Di 10–15, Mi–Fr 10 bis 20, Sa 10–14 und 16.30–20, So 10 bis 14 Uhr, Pl. Pintor Sotomayor*

Museo Histórico-Arqueológico
Das Museum für Geschichte und Archäologie ist untergebracht im Castillo de San Antón, das seit dem 16. Jh. die Hafeneinfahrt von A Coruña bewachte, später zum Gefängnis und schließlich 1968 zum Museum umgebaut wurde. Ausgestellt sind vor allem prähistorische Funde und Überbleibsel der keltischen Kultur in Galicien. *Di–Sa 11–21 (Okt.–Mai 10–19) Uhr, So 11–14.30 Uhr*

Museo de los Relojes
Das kleine, aber interessante Uhrenmuseum öffnet leider erst zu vorgerückter Stunde. *Mo–Fr 17 bis 19 Uhr, Pl. María Pita im Palacio Municipal*

EINKAUFEN

Keramik, Holzschnitzerei, Leder und viel Kunsthandwerkliches findet man bei *O Tabuleiro (C. Real 1).*

ÜBERNACHTUNG

Atlántico
Das größte Hotel im Stadtzentrum. Angeschlossen ist das *Casino del Atlántico (Tel. 981 22 16 00)* mit Speisesaal. Fischfreunde probieren *lubina a la sal,* Wolfsbarsch im Salzmantel. *200 Zi., Jardines de Méndez Núñez, Tel. 981 22 65 00, Fax 981 20 10 71, Kategorie 1*

Riazor
Am Strand von Riazor, phantastischer Meerblick, zentral und zumindest in der Nebensaison relativ günstig. *186 Zi., Av. Barrié de la Maza 29, Tel. 981 25 34 00, Fax 981 25 34 04, Kategorie 1–2*

MARCO POLO TIPPS FÜR NORDSPANIEN

1 **Die Europa-Gipfel**
Die Picos de Europa präsentieren sich als Dreigestirn prächtiger Gipfel, deren höchster 2648 m mißt (Seite 54)

2 **Burgos**
Die Wiege der spanischen Werte und Traditionen hat sich zu einer erfolgreichen, modernen Landeshauptstadt entwickelt, deren Kathedrale zu den bemerkenswertesten Gotik-Bauwerken der Iberischen Halbinsel gezählt wird (Seite 41)

3 **San Sebastián**
Die charmanteste unter den Städten an der spanischen Atlantikküste besticht vor allem durch aufgeräumte Eleganz und Lebensart (Seite 43)

4 **Santiago de Compostela**
Über Jahrhunderte das Ende der Reise unzähliger Pilger des Jakobsweges: Wie im Falle Toledo wurde gleich die ganze Stadt von der Unesco zum kulturellen Erbe der Menschheit erklärt (Seite 58)

AM ABEND

Abends trifft man sich dort, wo A Coruña am schmalsten ist, zwischen der Playa de Orzán und dem Hafengebiet. Mehrmals in der Woche bietet z. B. *Filloa (C. del Orzán 31)* Jazz live. Jüngeres Publikum trifft sich hingegen im ✯ *Fuente Luisa.*

AUSKUNFT

Oficina de Turismo
Am Hafen, Dársena de la Marina, Tel. 981 22 18 22

ZIEL IN DER UMGEBUNG

Rías Altas **(156/A 2–3)**
In Richtung Südwesten bietet sich eine Dörferfahrt entlang der landschaftlich besonders schönen Strecke C 522 und dann zu den Rías Altas an: über *Carballo* (schwefelhaltiges Thermalbad), *Camariñas* und *Muxía* (typische Fischerorte) bis zum »Ende der Welt«, zum *Cabo Fisterra.*

BILBO (BILBAO)

(157/E 3) Das Baskenland und besonders Bilbao (370 000 Ew.) zählen zu den industriellen Schwerpunkten des spanischen Festlands: Fabrik- und Lagerhallen, Messegelände und eintönige Wohnsiedlungen reihen sich aneinander. Bei Bilbao wird Eisenerz gehoben und weiterverarbeitet, der Hafen zählt zu den wichtigen Warenumschlagplätzen Spaniens. Erst in den letzten Jahren macht sich die Stadt einen Namen als kulturelles Nordlicht, das zudem ein leistungsfähiges Kommunikations- und Kongresszentrum ausbaut.

MUSEEN

Museo de las Bellas Artes
Unbedingt zu empfehlen ist das Museum der schönen Künste mit Werken bedeutender spanischer, holländischer, französischer und italienischer Meister. *Di–So 10 bis 13.30 und tgl. 16–19 Uhr, Parque de Doña Casilda Iturriza*

Museo Guggenheim
Nicht nur den Namen, sondern auch die Ausstellungsstücke teilt sich das Museum mit dem Stammhaus in New York. Allein der Bau des US-Architekten Frank Gehry ist ein Kunstwerk. *Di–So 11 bis 20 Uhr, Av. Abandoibarra 2*

RESTAURANTS

Begona
Hier bekommen Sie *bacalao al pil-pil,* das berühmteste und aufwändigste der zahllosen Stockfischgerichte, und andere herzhafte Spezialitäten der baskischen Küche. *C. Virgen de la Begona, Tel. 944 12 72 57, Kategorie 1–2*

Víctor
Etwas teurer, der Klassiker unter Bilbaos Restaurants, mit vielfältigen *Bacalao*-Variationen, hervorragenden Schweinsfüßen *(manitas de cerdo a la vizcaína)* und einer geradezu legendären *tarta capuchina. Pl. Nueva 2, Tel. 944 15 16 78, Kategorie 1–2*

EINKAUFEN

In direkter Nachbarschaft des Museo de Bellas Artes pulst die Hauptschlagader der baskischen Metropole, die Gran Vía, eine gut 1600 m lange Zeile mondäner Boutiquen und vieler exklusiver

Geschäfte. Weitere Einkaufsadressen: *Granja Santa Teresa (C. Castaños 1)* mit der wohl breitesten Auswahl an Käsesorten der gesamten Region. Zwei ungewöhnliche Adressen außerhalb: Geflochtenes in allen Variationen gibt es in der *Casa Mitxelena (in Mungia ca. 15 km von Bilbao). Pedro Goiriena* stellt in *Sopuerta (ca. 17 km von Bilbao)* in einer alten Mühle phantasievolle Masken her.

ÜBERNACHTUNG

Hostal Arana
Zimmer zu tragbaren Preisen sind in der Kongressstadt Bilbao rar. Einige finden Sie in diesem schlichten Hostal; Vorbestellung ist daher unbedingt empfehlenswert! *69 Zi., C. Bidebarrieta 2, Tel. 944 15 64 11, Kategorie 3*

Nervión
Relativ neu, relativ groß, relativ komfortabel, nahe beim Zentrum gelegen. *350 Zi., Paseo Campo Volantín 17, Tel. 944 45 47 00, Fax 944 45 56 08, Kategorie 1–2*

AM ABEND

Die *C. Licenciado Poza* ist abends eine der muntersten Straßen mit vielfältigen Gelegenheiten, Tapas bei einem Glas Wein zu probieren. Austern schlürft man im *Taller (C. General Concha 12)*. Treffpunkt vor allem der Studenten ist der baumbestandene *Paseo del Arenal* am Ufer des Nervión oberhalb der Altstadt.

AUSKUNFT

Oficina de Turismo
Paseo del Arenal 1, Tel. 944 79 57 60, Fax 944 79 57 61

BURGOS

(157/D 4) ★ Der Bezwinger der Mauren, Rodrigo Díaz de Vivar, bekannter unter dem Namen El Cid (1026–1099), nutzte die Hauptstadt des damaligen Königreiches Kastilien und León als Bühne für effektvolle Agitation. Die Stadt (156 000 Ew.) ist auch heute noch einen Besuch wert. Fast der gesamte Altstadtkern nördlich des Río Arlanzón überdauerte die Jahrhunderte.

Lebensnerv der Innenstadt ist der prachtvolle *Paseo del Espolón* im Zentrum von Burgos. Im *Rathaus (Mo–Fr 16–19 Uhr)* von 1791 bewahrt die Stadt das Andenken an El Cid; die *Pl. Mayor* lädt zum Schaufensterbummel ein. Um den Platz konzentrieren sich auch die Regierungsgebäude.

BESICHTIGUNGEN

Arco de Santa María
Westlich von der Pl. Mayor am Beginn des Paseo del Espolón wurde im 14. Jh. ein Triumphbogen in die Stadtmauer gebrochen. Das massive Bauwerk enthält neben sieben großen Kriegerstatuen Bildnisse des siegreichen Karl V. sowie von Diego Porcelos, dem Gründer der Stadt, und, wie könnte es in Burgos anders sein, vom legendären El Cid.

Castillo
Von den Ruinen der ehemaligen Burg und Teilen der alten Stadtmauer auf einem Hügel im Nordwesten der Stadt genießen Sie einen grandiosen Blick über ganz Burgos. Zwei der Wehrtürme sind wieder hergerichtet worden.

Gotische Spielereien zieren die Kathedrale in der Altstadt von Burgos

Catedral de Burgos
Sie zählt zu den schönsten gotischen Kathedralen ganz Spaniens. Der Baubeginn geht auf das Jahr 1221 zurück. Bis zur endgültigen Fertigstellung des Bauwerks vergingen aber mehr als drei Jahrhunderte. Dabei wurden französische Vorbilder kopiert und deutsche Baumeister beschäftigt. So stammen z. B. die beiden schlanken 84-m-Türme (15. Jh.) und die reich verzierte *Puerta de la Pellejería* (13. Jh.) von der Hand Kölner Steinmetzen. Das gewaltige, achteckige Kuppelgewölbe der Nordseite geht auf eine spanisch-deutsche Koproduktion zurück. Sehenswert auch die *Ruhestätte des El Cid* im mittleren der drei Kirchenschiffe und das *Alabastergrab* des Bischofs Alonso de Cartagena. *Tgl. 9.30 bis 13 und 16–19 Uhr, Pl. Santa María*

RESTAURANTS

Casa Ojeda
Eine gute Adresse für regionale Gerichte, u. a. ein ausgezeichnetes Holzofenlamm. *C. Vitoria 5, Tel. 947 20 90 52, Kategorie 1*

Mesón del Cid
Hier spielt auch der Rahmen eine Rolle: Untergebracht ist dieses Restaurant (und ein angeschlossenes Hotel mit 30 Zimmern) in einem altkastilischen Haus aus dem 15. Jh. direkt am Platz der Kathedrale. *Pl. de Santa María 8, Tel. 947 20 59 71, Kategorie 1–2*

ÜBERNACHTUNG

Hotel España
Zentral gelegen, aber ohne besonderen Komfort; eines der ältesten Hotels am Platz. *69 Zi., Paseo del Espolón 32, Tel. 947 20 63 40, Fax 947 20 13 30, Kategorie 2*

Fernán González
Hotel mit Blick auf die Kathedrale auf der anderen Seite des Río Arlanzón. Familiäre Atmosphäre. Angeschlossen ist auch ein gutes Restaurant. *85 Zi., Calera 17, Tel. 947 20 94 41, Fax 947 27 41 21, Kategorie 1*

AUSKUNFT

Oficina de Turismo
Pl. A. Martínez 7, Tel. 947 20 31 25, Fax 947 27 65 29

ZIEL IN DER UMGEBUNG

Monasterio de Santo Domingo de Silos **(157/D 4)**
Das im 10. Jh. gegründete Kloster ist u.a. für seine Apotheke bekannt, die wie ein angeschlossenes Museum und ein stiller romanischer Kreuzgang besichtigt werden kann. 18 einfache Zimmer stehen Gästen offen *(Tel. 947 39 00 68, Kategorie 3)*. Man erreicht das Kloster 60 km südöstlich von Burgos auf der N 234 über Covarrubias.

DONOSTIA (SAN SEBASTIÁN)

(164/C 1) ★ San Sebastián, eine der drei Metropolen des Baskenlandes, ist eine Perle unter den Städten der spanischen Atlantik-Küste. Noch heute strahlt die Stadt (190 000 Ew.) jenen eleganten Charme der Seebäder der Jahrhundertwende aus: Damals besuchten Angehörige des spanischen Königshauses und des diplomatischen Korps die gepflegten, baumgesäumten Alleen und Villen im französischen Stil am

Lebensqualität a la española

Die führende spanische Tageszeitung »El País« hat eine Untersuchung angestrengt, die Aufschlüsse zur Lebensqualität in den einzelnen Provinzen und Großstädten Spaniens gab. Dabei wurden subjektive Faktoren wie Straßenbefragungen ebenso zu Rate gezogen wie objektive Daten, z.B. Durchschnittseinkommen, Zahl der Drogen- bzw. Alkoholabhängigen, Investitionen in Infrastruktur usw. Zu den Städten mit der geringsten Lebensqualität zählen Jaén, Badajoz, Albacete, Guadalajara, Cuenca, Lugo, Bilbo, Huelva, Córdoba und Ourense. Vitalität und Lebenslust strahlen hingegen folgende zehn Städte aus: Palma de Mallorca, Girona, Gasteiz, Barcelona, Santander, Alacant, Madrid, Pamplona, Donostia und Logroño.

Ufer des Flusses Urumea. Für heutige Besucher interessant: Patrizierhäuser, eine Vielzahl von Bars, Cafés und kleinen Geschäften im Herzen der überschaubaren Altstadt, die zur Meerseite hin durch den Monte Urgull begrenzt wird. In 135 m Höhe krönen die Ruinen des *Castillo de Santa Cruz de la Mota* aus dem 16. Jh. den Felsen. Die drei goldgelben Sandstrände *Playa de Gros, Playa de la Concha* und *Playa de Ondárreta* füllen sich so richtig nur im Hochsommer, wenn auch die Einheimischen Ferien machen.

BESICHTIGUNG

Casa Consistorial

Erst Spielkasino (seit 1887), heute Rathaus der Stadt (seit 1947) mit Blick auf den gekonnt angelegten *Parque Alderdi-Eder.* Besonders in den Abendstunden sollte man von dort aus einen Rundgang über die reich beleuchtete Küstenstraße *Paseo de la Concha* nicht versäumen. *C. Igentea/Parque Alderdi-Eder*

MUSEEN

Aquarium

Am Fuß des Monte Urgull ein gut bestücktes Aquarium mit einer ozeanografischen Abteilung. *Tgl. 10–20 Uhr, Pl. Carlos Blasco*

Kutxa

Ein interaktives Computer- und Wissenschaftsmuseum für das 21. Jh. *Mikeletegi Pasealekua 43, Eröffnung im Sommer 2000*

Museo Municipal de San Telmo

Zwischen dem Monte Urgull und der Altstadt befindet sich das Gemeindemuseum, eingerichtet in den ehrwürdigen Mauern eines Dominikanerklosters (1534 bis 1551) mit Werken von Goya, Zuloaga, El Greco, Zurbarán, Rubens u.a. Sehenswert sind auch der Kreuzgang und die kunstvoll ausgeschmückte Kapelle. *Di–So 10.30–13.30 Uhr und Mo–Sa 16 bis 20 Uhr, Pl. de Zuloaga*

RESTAURANTS

Den kleinen Hunger stillt man mit *pinchos,* Fleisch- oder Fischspießchen, und einem Glas Wein, vornehmlich in der Gegend um die *Pl. de la Constitución* herum.

Clery

Typisch baskische Küche in familiärer Atmosphäre. Empfehlenswert ist der Muschelreis *arroz con almejas. Pl. de la Trinidad 1, Tel. 943 42 34 01, Kategorie 1–2*

Rekondo

Eine der besten kulinarischen Adressen der Stadt. Hier darf man sich unbedingt auf den Rat von María-Carmen verlassen, denn sie ist es, die täglich frisch einkauft. *Paseo de Igueldo 57, Tel. 943 21 29 07, Kategorie 1*

Urepel

Die gut situierten Einheimischen ziehen dieses urige Feinschmeckerlokal vor. *Paseo de Salamanca 3, Tel. 943 42 40 40, Kategorie 1*

ÜBERNACHTUNG

Hostal Eder 2

Schlicht, preiswert, aber nicht schlecht. *16 Zi., Boulevard 16, Tel. 943 42 64 49, Kategorie 3*

La Galería

Der Name sagt es schon, hier darf nicht nur übernachtet werden,

In den Gassen von San Sebastiáns Altstadt tobt abends das Leben

hier wird auch Kunst ausgestellt. Korrekter Service, dazu schöne Lage gleich vor dem Stadtstrand. *23 Zi., C. Infanta Cristina 1–3, Tel. 943 21 60 77, Fax 943 21 12 98, Kategorie 1–2*

María Cristina
Hotelpalast mit extravagantem Luxus zu extravaganten Preisen. *136 Zi., Paseo República Argentina 4, Tel. 943 42 49 00, Fax 943 42 39 14, Kategorie 1*

AM ABEND

Bis 3 Uhr in der Frühe brummt das Viertel um die Straßen *Reyes Católicos, Sánchez Toca* und *Larramendi* mit dem neu gestalteten Highlight *Copco* und dem Klassiker *El Nido.* Die beste Disko, das *Ku (Paseo Padre Orcolaga 56),* liegt im Stadtteil Igueldo gleich unterhalb eines der kulinarischen Tempel der Stadt, des Restaurants Akelarre. Die Disko *La Noche (C.*

San Martín 66) macht ihrem Namen Ehre: Richtig lebendig wird es erst ab 1 oder 2 Uhr. Die besten Cocktails der Stadt soll es nahe beim Rathaus im *Dionis (ab 16 Uhr, C. Igentea 2)* geben. Im *Kabutzia (Muelle Concha)* im oberen Teil des Club Náutico bevölkert ein gemischtes Publikum die originelle Schiffsausstattung.

AUSKUNFT

Oficina de Turismo
C. Reina Regente, Tel. 943 48 11 66, Fax 943 48 11 72

ZIELE IN DER UMGEBUNG

Atlantikküste **(164/A-C 1)**
Einer der erhabensten Aussichtspunkte der Gegend, der *Monte Ulía* 3 km nordwestlich von San Sebastián, erlaubt in 234 m Höhe eine herrliche Panoramasicht entlang der Küste. Wer die maritime Romantik den kulturellen und wirtschaftlichen Zentren des Baskenlandes vorzieht, folgt der Tour der Fischerdörfer: *Orio, Zarautz, Getaria, Zumaia, Mutriku, Ondarroa, Elantxobe, Mundaka, Bermeo,* der wichtigste Fischereihafen des Baskenlandes, *Plencia* und *Algorta.* Hoteltip für Mundaka: nicht billig, aber familiär, gemütlich und an der Küste mit schönem Garten: *Hotel Atalaya (15 Zi., Paseo de Txorrokopunta 2, Tel. 946 17 70 00, Fax 946 87 68 99, Kategorie 1–2).*

Hinterland **(164/A-C 1-2)**
Ein ebenso schöner Ausflug führt hinauf in die Berge, die Tour der einsamen Berghöfe und Bauerndörfer: die Täler um *Tolosa, Régil, Azpeitia, Bergara, Mondragón* und *Durango.*

Hondarribia (Fuenterrabía) (165/D1)
Fischer- und Tourismusort mit Tradition und mit einem erstklassigen Hotelerlebnis – zumindest in der Nebensaison zu überraschend günstigen Preisen. Die Rede ist vom Palast Pampinot. Anno 1638 erbaut, ist er heute ein Dreisternehotel mitten in der Altstadt. Natursteinböden, Schmiedeeisernes, jedes Zimmer eine Welt für sich. Während der Hauptsaison (1. Juli–30. Sept.) sind die Preise relativ hoch, die Nebensaison macht das Palastleben erschwinglich. *Hotel Pampinot, 8 Zi., C. Mayor 5, Tel. 943 64 06 00, Fax 943 64 51 28, Kategorie 1–2*

GASTEIZ (VITORIA)

(164/A3) Krass sind die Gegensätze zwischen dem gewachsenen Stadtkern, dessen Ursprünge zu den ältesten der gesamten Region zählen, und einer modernen, wachsenden Konsumgüterindustrie, die die Hauptstadt des Baskenlandes (200 000 Ew.) wie ein Ring umschließt. Interessant ist lediglich jener über die Jahrhunderte gewachsene Stadtteil, der auf der Höhe des Hügels liegt: Kopfsteinpflaster, Bürgerhäuser, die fast ausnahmslos mit *miradores,* einer Mischung aus Wintergarten und Balkon, verziert sind, und gepflegte Parkanlagen – Alt-Vitoria hat gutbürgerlichen Charme.

BESICHTIGUNGEN

Casco Antiguo
Das Altstadtviertel birgt u.a. zwei schöne gotische Kirchen, die *Iglesia de San Vicente* und *Iglesia de San Miguel,* errichtet gegen Ende des 15. Jhs. Alle Straßen sind ringför-

mig angelegt, irgendwann gelangt man immer zur Kathedrale. In der Straße *Cuchillería* wurde in einem Wohnhaus aus dem 15. Jh. und einem Turm aus dem 13. Jh. das *Stadtmuseum* untergebracht.

Catedral de Santa María

Mit dem Bau des mächtigen gotischen Kirchenschiffs wurde bereits im 13. Jh. begonnen, doch vollendet wurde das Bauwerk erst knapp zwei Jahrhunderte später. Der schlanke, elegante Glockenturm ist wiederum rund 300 Jahre jünger. Teile der Seitenschiffe der Kathedrale sind durch kostbare Wand- und Deckengemälde verziert.

Paseo de Fray Francisco

Unweit des ❂ *Parque de la Florida* (im Juni Schauplatz des Jazzfestivals) liegt die Prachtallee Paseo de Fray Francisco mit einem Museum für mittelalterliche Waffen und Rüstungen *(Museo de Armería)*, dem Regierungspalast *Ajuria-Enea*, seit 1980 Sitz des Regionalparlaments, und der eindrucksvollen *Villa Sofía*.

Plaza de Olaguíbel

❂ Der Platz zählt zu den lebendigsten Zentren der Stadt. An seinem Westende erinnert ein Denkmal an die siegreiche Schlacht der Spanier gegen die Truppen Napoleons am 21. Juni 1813 bei Vitoria. Hügelaufwärts steigt man dann zurück ins Mittelalter.

MUSEEN

Museo Provincial de Arqueología

Das Museum birgt Fundstücke aus der Prähistorie und der römischen Besatzungszeit. Auch das Ausstellungsgebäude selbst ist sehenswert. *Tgl. 10–14 und Mo–Fr 16–18.30 Uhr, C. Correría 116*

Museo de Bellas Artes

Das Museum zeigt einen aktuellen Querschnitt spanischer Malerei bis zur Neuzeit, u. a. Picasso und Miró. *Tgl. 10–14 und Mo–Fr 16–18.30 Uhr, Pl. Fray Francisco 8, im Palacio de Augusti*

RESTAURANTS

Mesa

Schlicht, mit eher deftiger Küche, aber seine Preise durchaus wert. *C. Chile 1, Tel. 945 22 84 94, Kategorie 2*

El Portalón

Eine ebenso erlesene Speisekarte wie Inneneinrichtung offeriert das Restaurant in einem Holzhaus aus dem 15. Jh. in der Altstadt. *C. Correría 151, Tel. 945 14 27 55, Kategorie 1*

EINKAUFEN

Vitoria serviert eine überraschende Fülle an Feinkost und Naschwerk. Gute Adressen sind die Geschäfte der *Bonbonería Goya (C. Dato 6* und *Av. Gasteiz)*, eines exquisiten Zuckerbäckers. *La Casa del Aceite (C. Pintor Vera Fujarado 1)* hat ein Sortiment an Speiseölen, das seinesgleichen sucht. Die Gourmetengel der *Mantequería Los Ángeles Gourmet (C. Fueros 5)* haben sich auf Käse und Wein spezialisiert.

ÜBERNACHTUNG

Dato

Gepflegtes, günstiges Hotel, direkt in der zentralen Fußgängerzone gelegen. *14 Zi., C. Dato 28, Tel. 945 14 72 30, Fax 945 23 23 20, Kategorie 3*

Parador de Argómaniz
Stilvoll untergebracht in einem alten Herrenhaus aus dem 17. Jh., guter Service. In einem kleinen Ort 13 km außerhalb der Stadt, ruhig und mit schönem Blick. *53 Zi., Carretera Nacional 1, km 363 in Argómaniz, Tel. 945 29 32 00, Fax 945 29 32 87, Kategorie 1*

AM ABEND

Hauptsächlich an den Wochenenden merkt man, dass Vitoria Universitätsstadt ist. Was mit Stippvisiten in den kleinen Bars der Altstadt beginnt, endet meist im *The End (C. Florida 39).*

AUSKUNFT

Oficina de Turismo
Beim Parque de la Florida, Tel. 945 13 13 21, Fax 945 13 02 93

ZIELE IN DER UMGEBUNG

Laguardia **(164/B 4)**
Die L 122 führt zu einem mittelalterlichen Wehrdorf. Laguardia (1450 Ew.), umgeben von Weinbergen und umschlossen von einer mächtigen Schutzmauer, lohnt den Besuch. In einer der Weinkellereien des Ortes ist oft eine Weinprobe, gelegentlich auch die Besichtigung der Lagerfässer in Höhlen und Kellern bei stets gleich bleibender Temperatur von zehn bis 15 Grad möglich: *Sociedad Vinícola Laserna (Finca San Rafael); Cosecheros Alaveses (Carretera Logroño); Bodegas Alaveses (Carretera Elciego); Bodegas Palacio (C. San Lázaro 1, direkt im Ort).* Das Hotelrestaurant *Marixa (10 Zi., C. Sancho Abarca 8, Tel. 941 60 01 65, Kategorie 2)* ist für einige der beste und typischste Vertreter regionaler Küche: deftige Speisen zu angemessenen Preisen – und natürlich erlesene Weine.

Logroño **(164/B 5)**
Am Südufer des Río Ebro liegt inmitten des bedeutendsten spanischen Weinanbaugebietes, La Rioja, die Hauptstadt dieser Region, Logroño (124 000 Ew.). Vor allem der mild-fruchtige Rotwein der Gegend zählt zum Besten, was spanische Winzer heute anbieten können. Die Stadt selbst trägt eher moderne, industrielle Züge. Ansehen sollten Sie sich die *Catedral Santa María la Redonda,* eine gotische Kathedrale aus dem 15. Jh. Ein Gemälde in einer der Seitenkapellen wird Michelangelo zugeschrieben. Provinziell, aber nicht uninteressant: Eine kuriose Sammlung alter Fresken, archäologischer Funde, Gemälde und antiken Mobiliars vereint das *Museo de la Rioja* im Palacio del General Espartero *(Di–So 10–14 und 16–18 Uhr, Pl. de San Agustín).*

Miranda de Ebro **(164/A 4)**
Von Vitoria aus der N 1 folgend, gelangt man in das Industriestädtchen (37 000 Ew.), dessen Kirche *Iglesia del Espíritu Santo* (12. Jh.) auf den Grundmauern einer arabischen Moschee errichtet wurde.

Puerto de la Herrera **(164/A 4)**
Im Verlauf der L 122 liegt ein großartiger Aussichtspunkt: Vom *Balkon von Rioja* aus (bei Puerto de la Herrera, 1110 m) blickt man das Ebro-Tal fast bis nach Za-

ragoza hinab – klare Sicht vorausgesetzt.

GIJÓN

(156/C 3) Die reine Industrie- und Hafenstadt Gijón (260 000 Ew.) macht hauptsächlich als aufgeschlossenes Zentrum der grünen Küste, der Costa Verde, von sich reden – und dennoch, die engen, denkmalgeschützten Altstadtgassen können sich sehen lassen. Ein goldgelber Strand mit wachsendem Urlaubszentrum liegt am Fuße von Santa Catalina.

In der Altstadt gibt es eine Reihe günstiger Restaurants mit frischen Fischgerichten, zum Beispiel den Klassiker und Spezialisten in Wild und Meeresfrüchten *El Retiro (C. Begoña 28, Tel. 985 35 00 30, Kategorie 1–2).* Das zur Zeit wahrscheinlich beliebteste Restaurant der Stadt (reservieren!) ist *Parrilla El Sueve (C. Domingo García de la Fuente 12, Tel. 985 14 57 03, Kategorie 2).* Nachts beleben sich vor allem die Straßen *C. Buen Suceso, C. Santa Lucía* und *C. Corrida.* Auf der *Av. Portugal* bietet die Disko *La Fábrica,* untergebracht in einer ehemaligen Fabrikhalle, mehrmals pro Woche Livemusik. Die *Oficina de Turismo (Tel./Fax 985 34 60 46)* befindet sich in der *C. Marqués de San Esteban 1.*

ZIELE IN DER UMGEBUNG

Costa Verde **(156/C 3)**
Westlich von Gijón, der Costa Verde folgend, kommt man durch kleine, vor allem von Spaniern besuchte Ferienorte mit schönen Sandstränden wie *Candás, Luanco* oder *Salinas* bis zum typisch asturischen Fischerhafen *Cudillero* in einer besonders schönen Bucht. 5 km weiter bildet *Soto de Luiña* einen der besten Aussichtspunkte der Küste.

Villaviciosa **(156/C 3)**
»Zwischen Grün und Meer gebettet«, schwärmt der etwas hausbackene Prospekt der Gemeinde (15 000 Ew.) von den natürlichen Schönheiten der Landschaft und vom außerordentlichen kulturellen Reichtum des Tals an der Ría de Villaviciosa, die gleichzeitig einen phantastisch geschützten Naturhafen bildet. Tatsächlich sind die grünen Auen, die sich den Nordhang der Cordillera Cantábrica hinaufziehen, weitgehend naturbelassen. Und auch wer sich für steinerne Überreste vergangener Kulturen interessiert, findet reiches Anschauungsmaterial, liegt doch Villaviciosa im Zentrum einer besonders großen Ansammlung romanischer und vorromanischer Bauwerke Asturiens: Da sind u. a. die gut erhaltene Kapelle *San Salvador de Valdediós,* die Kirche *Santa María* in Villaviciosa selbst, die Kirche *San Salvador* in *Priesca* oder *San Salvador* (heute als »Conjunto histórico artístico« streng geschützt) in *Fuentes.* Ganz in der Nähe von Villaviciosa liegen auch einige besuchenswerte asturische Dörfer wie *Puelles* oder *La Lloraza.* Die Altstadt von Villaviciosa zählt zu den Schmuckstücken der Region (ebenfalls geschützt).

Zwei kleine Strände gibt es innerhalb der Ría, die *Playa de Rodiles* und die geschütztere *Playa El Puntal.* Zum Essen steigt man, wie einst Karl I. bei seinem ersten Spanienaufenthalt 1517, in *Tazones* ab. Die belebten Bars und gemütlichen Restaurants des kleinen Fischerorts bieten frische Fischgerichte und köstliche Meeresfrüchte. Übernachten kann man in *Amandi* in dem kleinen, renovierten Landhotel *La Casona* mit sehr schöner, alter Einrichtung *(9 Zi., Tel. 985 89 01 30, Fax 985 89 01 29, Kategorie 1–2).*

HUESCA

(**157/F 5**) Im Schutze der Südflanke der Pyrenäen, dort, wo sich der Río Ebro seinen Weg an die Mittelmeer-Küste bahnt, liegt das ausländischen Besuchern weniger bekannte Aragón. Huesca ist die nördlichste der drei aragonesischen Provinzen, die über mehrere Jahrhunderte maßgeblich Spaniens Geschichte beeinflussten. Nach der Vertreibung der Mauren, ab 1096, wurde Huesca (51 000 Ew.) zur Hauptstadt ganz Aragoniens. Weite Teile der Stadt zog der Spanische Bürgerkrieg (1936–1939) stark in Mitleidenschaft.

Alle Sehenswürdigkeiten liegen konzentriert in den engen, winkligen Gassen der höher gelegenen Teile der Altstadt. Ein Barviertel, in dem sich vor allem jüngere Spanier treffen, liegt südlich des Altstadtkerns um die *C. Padre Huesca.*

BESICHTIGUNGEN

Catedral
Die gotische Kathedrale mit einem Kreuzgang im romanischen Stil besteht aus drei üppig geschmückten Kirchenschiffen, die von einem achteckigen Turm flankiert werden. Die Kathedrale wurde vom Ende des 13. Jhs. bis zum 16. Jh. auf den Grundmauern einer maurischen Moschee errichtet. Angeschlossen ist ein *Diözesanmuseum. Pl. de la Catedral 4*

Am Fuß der roten Berge: Huesca an den Ausläufern der Pyrenäen

Iglesia San Pedro el Viejo
Ebenfalls im Zentrum liegt diese im romanischen Stil ab dem 12. Jh. errichtete Kirche. Bemerkenswert ist vor allem der erst vor wenigen Jahren renovierte Kreuzgang, eines der herausragenden Beispiele romanischer Baukunst in Spanien. *Tgl. 10–13 und 16 bis 18 Uhr, C. de los Cuatro Reyes*

Universidad Sertoriana/ Museo Arqueológico Provincial
Die Universität, einst als antiker Königspalast im 12. Jh. errichtet, wurde im Jahre 1354 zur Landesuniversität erhoben. Die so genannte *Campana de Huesca,* der Saal, in dem König Ramiro II 16 aufständische Adlige enthaupten ließ (1136), hat die Renovierungsarbeiten im 17. Jh. fast unverändert überstanden. Im selben Gebäudekomplex beherbergt das *Archäologische Museum* vor allem Funde aus der Zeit der römischen Besatzung, prähistorische Ausgrabungen, aber auch Werke spanischer Meister. Das Museum ist nach einer Grundrenovierung neu eröffnet worden. *Di–Sa 10–14 und 17 bis 20 Uhr, So 10–14 Uhr, Pl. de la Universidad*

RESTAURANTS

La Campana
Der Holzofen ist eine der Attraktionen dieses Restaurants; mittags nach dem Menü fragen! *Coso Alto 78, Tel. 974 22 95 00, Kategorie 2–3*

Ricocu
Ein guter Tipp für Tapaliebhaber. *C. Padre Huesca 12, Kategorie 3*

Las Torres
Eine Jahreszeiten-Speisekarte mit regionalen Spezialitäten bei zuvorkommendem Service und gemäßigten Preisen. *C. María Auxiliadora 3, Tel. 974 22 82 13, Kategorie 2*

ÜBERNACHTUNG

Hotel Montearagón
Obwohl außerhalb gelegen, ist es wegen seines guten und freundlichen Service zu empfehlen. *27 Zi., N 240, km 206, Tel. 974 22 23 50, Kategorie 2*

AUSKUNFT

Oficina de Turismo
Coso Alto 23, Tel./Fax 974 22 57 78

LUGO

(**156/B 3**) 2130 m massive Stadtmauer in Höhen zwischen 11 und 14 m, verstärkt durch 50 quadratische oder halbrunde Ausluge, umschließen noch heute den gepflasterten Stadtkern von Lugo (87 000 Ew.) in Galicien. Das alte Lucus Augusti blickt auf eine lange Geschichte zurück, deren Wurzeln bis in die Zeiten der römischen Besetzung der Iberischen Halbinsel reichen. Besonders interessant ist der Stadtteil *La Tinería* zwischen Kathedrale und Puerta Miña.

BESICHTIGUNGEN

Catedral de Santa María
Die Kathedrale weist romanische Einflüsse auf. 1129 wurde der französische Baumeister Raimundo de Monforte mit ihrer Errichtung beauftragt; aus dieser Zeit blieb allerdings nur das Nordportal erhalten. Die zur Pl. Mayor gerichtete Fassade stammt aus dem 17. Jh. *Domschatz Winter tgl.*

11–12, Sommer tgl. 11–13 Uhr, Pl. Santa María

Parque Rosalía de Castro

Erwähnenswert ist auch die Parkanlage, von der Sie stellenweise einen traumhaften Ausblick auf den Fluss Miño und die römischen Thermen (heute Nationalmonument und in Privatbesitz) genießen.

MUSEUM

Museo Provincial

Klein, aber fein, mit einem eigenwilligen Sammelsurium an Sonnenuhren, keltischen und römischen Funden und mittelalterlicher Malerei, untergebracht in der Kirche San Francisco. *Mo–Sa 10.30–14 und 16.30–20.30 Uhr, So 11–14 Uhr, Juli/Aug. Mo–Fr 10–13 und 16–19 Uhr, Sa 10–14 Uhr, Pl. Soledad 6*

RESTAURANTS

Alberto

Spezialist in Fisch und Meeresfrüchten. Aber auch den Nachtisch nicht vergessen! *C. Cruz 4, Tel. 982 22 83 10, Kategorie 1–2*

La Verruga

In derselben Straße, regionaltypische Mahlzeiten mit baskischen Anleihen. Gute Fisch- und Fleischgerichte. *C. Cruz 12, Tel. 982 22 98 55, Kategorie 1–2*

EINKAUFEN

Bei *La Avilensia (C. Amor Meilán 12)* gibt es Kupferkessel und -töpfe, Blechgießkannen, Eimer und vieles mehr. *Pardo (C. Obispo Izquierdo 10)* fertigt Gegenstände aus Bronze und Eisen. *Eusebio Sánchez (Camino Verde 4)* verkauft Kunsthandwerkliches aus Holz für den täglichen Gebrauch.

ÜBERNACHTUNG

Méndez Núñez

Schon etwas betagt, aber gemütlich, jedoch mit relativ hohen Zuschlägen während der Sommersaison. *88 Zi., C. Reina 1, Tel. 982 23 07 11, Fax 982 22 97 38, Kategorie 2*

AM ABEND

Im Trend sind Cafés wie das *Madrid* oder *El Centro* an der *Pl. España* und um die Kathedrale herum. Zu den Evergreens zählen die Bars in der *C. Cruz* und *Rúa Nova Richtung Pl. de Campo.*

AUSKUNFT

Oficina de Turismo

Pl. de España 27, Tel. 982 23 13 61

ZIEL IN DER UMGEBUNG

Museo Monográfico de Castro de Viladonga (156/B 3)

Ein keltisches Dorf, das in den letzten Jahren freigelegt und zum Freilichtmuseum ausgebaut wurde. Angeschlossen ist auch eine Ausstellung mit Fundstücken aus der Siedlung. *Tgl. 10.30–13.30 und 16–19 Uhr, N 640, km 24, bei Castro del Rei*

OURENSE (ORENSE)

(**156/B 3**) Schmale, teilweise verwinkelte Gassen, Treppchen und malerische Plätze, unter denen *Pl. Mayor, Plazuela de Magdalena* und *Pl. del Trigo* hervorstechen:

Das alte Ourense, nördlich der Kathedrale, gehört zu den stillen galicischen Schönheiten am südlichen Ufer des Flusses Miño. Besonders stolz sind die Ourenser auch auf ihre römische Brücke *Puente Romano,* die allerdings erst im Jahre 1662 ihre heutige Form erhielt und mit einer Bogenhöhe von 37,8 m zu den gewagtesten Konstruktionen ihrer Zeit zählte. Romanisch begonnen (12. Jh.) und gotisch abgeschlossen (16. Jh.) wurde die *Kathedrale* am Hauptplatz *(Pl. Mayor)* der heute 105 000 Ew. zählenden Stadt. Sehenswert: das Haupttor, *Pórtico del Paraíso,* die barocke Kapelle im linken Kirchenschiff – die Jesusstatue dort soll heilkräftig sein – und das *Museo Diocesano* im rechten Kirchenschiff. Hier ist u. a. das erste in Galicien gedruckte Buch (um 1494) ausgestellt. Unweit die berühmten Thermalquellen *Las Burgas.* Schon die römischen Besatzer wärmten sich die vom ungewohnt rauen Klima geschundenen Glieder in den Thermen, deren rund 300 l Wasser pro Minute Temperaturen bis zu 70 Grad erreichen.

OVIEDO

(156/C 3) Die Haupt- und Universitätsstadt Asturiens (200 000 Ew.) liegt landeinwärts, eingebettet in die Ausläufer der Kordillere. Hier war eines der letzten großen Rückzugsgebiete christlicher Macht vor den immer weiter nordwärts vorrückenden maurischen Eroberern. Erst 1230 verlor Oviedo an Bedeutung, nachdem sich Asturien an das Königreich von Kastilien und León angeschlossen hatte. Heute kreuzen sich alle wichtigen Fernstraßen der Region vor der Stadt, das Zentrum bleibt vom Verkehr dank der Umgehungsstraße jedoch relativ unbelästigt.

BESICHTIGUNG

Catedral de Oviedo
Ein gotischer Bau, der im 15. und 16. Jh. errichtet wurde. Die *Cámara Santa* der Kathedrale fiel 1934 dem Aufstand der asturischen Bergarbeiter zum Opfer; sie wurde gesprengt, später aber vollständig rekonstruiert. Ein imposanter Domschatz kann im angeschlossenen *Museo Diocesano (Mo–Fr 10–19, So 10–18 Uhr, Pl. Alfonso II)* besichtigt werden.

MUSEUM

Museo Arqueológico
Funde aus der Vorgeschichte, aus der Zeit der Kelten, eine kleine ethnologische Abteilung und eine Briefmarkensammlung. *Di bis Sa 10–13.30 und 16–18 Uhr, So 11–13 Uhr, C. San Vicente 3*

RESTAURANTS

La Campana
Ein spanischer Speisesaal vom alten Schlage mit traditionellen asturischen Gerichten. *C. San Bernabé 7, Tel. 985 22 49 32, Kategorie 2*

La Gruta
Ausgezeichnete asturische Küche gibt es im Stadtteil Buenavista; dementsprechend ist es hier oft sehr voll. *Alto de Buenavista, Tel. 985 23 24 50, Kategorie 1*

Marchica
Sidrería und Großrestaurant mit drei Speisesälen für jeden Geschmack und Geldbeutel. *C. Doc-*

tor Casal 8–10, Tel. 985 22 00 56, Kategorie 1–2

ÜBERNACHTUNG

La Gruta
Nicht nur als Restaurant, sondern auch als Hotel mit Blick auf den Monte Naranco bietet La Gruta Erstklassiges. *105 Zi., Alto de Buenavista, Tel. 985 23 24 50, Fax 985 25 31 41, Kategorie 1–2*

AM ABEND

Intellektuelle und Künstler treffen sich an der *Pl. Paraguas*, Studenten ziehen die Straßen ✱ *C. de la Rúa* und *C. Altamirano* in Uninähe vor. Gemischtes Publikum findet sich in der *C. San Bernabé* und der *C. Doctor Casal* ein. Das *Xuantipa (C. de la Rúa 16)* bietet ein uriges Ambiente mit Musik und Schwof. Ein Café, das Schickeria und arme Poeten vereint, ist das *Oliver (Av. Galicia 11)*. Guten Kaffee gibt es auch im *El Cafetín (Pl. del Sol)* und im *Oliván (C. Oscura 3)*.

AUSKUNFT

Oficina de Turismo
Pl. de Alfonso II 6, Tel. 985 21 33 85, Fax 985 22 84 59, www.asturdata.es

ZIELE IN DER UMGEBUNG

Monte Naranco (156/C 3)
Der Hausberg von Oviedo (1233 m) mit zwei romanischen Schmuckstücken aus dem 9. Jh.: Die gut erhaltene Kirche *Santa María de Naranco*, einst Jagdhaus Ramiros II., und der schlichte Tempel *San Miguel de Lillo* stehen unter Denkmalschutz. *Beide tgl. 10–13 und 15–18 Uhr, Av. de los Monumentos (3,5 km vom Zentrum)*

Picos de Europa (156/C 3, 157/D 3)
★ Die Picos de Europa präsentieren sich als Dreigestirn prächtiger Gipfel, deren höchster, der Torre Cerreda, 2648 m mißt. Das gesamte Dreiprovinzeneck um die Picos herum ist Jagdschutzgebiet; der nordwestliche Teil um Covadonga wurde außerdem zu einem pflanzen- und tierartenreichen Nationalpark erklärt. Von hier soll die spanische Rückeroberung im Zeichen des Kreuzes ausgegangen sein. Stellenweise kann man traumhafte ✱ Gebirgspanoramen genießen, z. B. bei *Puerto del Pontón, Mirador de la Reina* und *Cuevadominica* bei Covadonga.

PONTEVEDRA

(156/A 3) Pontevedra liegt an der Mündung des Río Lérez. Die Stadt (75 000 Ew.) zählte vom Mittelalter bis ins 18. Jh. zu den führenden Atlantikhäfen der galicischen Küste. Geblieben ist vom damaligen Wohlstand eine malerische Altstadt, deren zwei Zentren sich um die moderne ✱ *Pl. España* (Geschäfts- und Bürozentrum) und die gewachsenere *Pl. de Ourense* gruppieren mit schmalen, verwinkelten Gassen, in denen sich wuchtige bürgerliche und herrschaftliche Häuser drängen.

BESICHTIGUNG

Altstadt
Die gesamte Altstadt von Pontevedra steht unter Denkmalschutz, sie gehört zum Pflichtprogramm in Galicien. Aus dem 14./15. Jh. stammt die gotische *Iglesia de San Francisco (Pl. de la Herrería)* mit Grabkammern des ansässigen Adels. Spätgotisch (ab

1500) ist die *Iglesia Santa María la Mayor (Av. Santa María)* mit einem filigran verzierten Hauptportal.

MUSEUM

Museo Provincial
Ausgestellt sind in zwei kleinen Palästen eine überraschende Fülle von prähistorischen und antiken Funden, Teile eines keltischen Grabschatzes, spanische Malerei, Skulpturen und Manuskripte. *Di–Sa 10–13.30 und 16 bis 20, So 11–13 Uhr, C. Pasantería 10*

RESTAURANT

Doña Antonia
Das Restaurant zählt nicht zu den billigsten, aber zu den besten ganz Galiciens. Die Familie Vicente bürgt übrigens auch für die Qualität des Restaurants *Sibaris* in Vigo. *Soportales de la Herrería 4, Tel. 986 84 72 74, Kategorie 1–2*

HOTELS

Comercio
Hotel und Restaurant im Zentrum in einem ehemaligen Handelskontor. *30 Zi., C. Augusto González Besada 4, Tel. 986 85 12 17, Fax 986 85 99 91, Kategorie 2–3*

Parador de Pontevedra
Nobel, im ehemaligen Palast des Grafen von Maceda, auch unter dem Namen Casa del Barón bekannt. Ein echtes Erlebnis, freundlicher Service. *47 Zi., C. del Barón 19, Tel. 986 85 58 00, Fax 986 85 21 95, Kategorie 1*

AM ABEND

Auf ein Gläschen Landwein trifft man sich (nicht nur) nach Sonnenuntergang in der Altstadt, vornehmlich um die *Pl. de Leña* und *Pl. de Verdura* herum. Seit Jahren das In-Café am Platz: das *Carabels (Pl. Estrella 16)*. Käsehäppchen, Tapas und Wein gibt's im Kellergewölbe des *Mesón Picota (C. Peregrina 4)*. *Shiva (C. Sagasta 11)* und *Equus (C. Crespo 10)*, zwei Diskopubs, sind vor allem für jüngeres Publikum bestimmt.

AUSKUNFT

Oficina de Turismo
C. General Mola 1, Tel./Fax 986 85 08 14

SANTANDER

(**157/D 3**) 1941 wurden weite Teile der Altstadt von einem Großbrand vernichtet. Der Vitalität der 200 000-Ew.-Stadt scheint das nur neuen Auftrieb gegeben zu haben, und auch ihrem Charme konnte dies keinen Abbruch tun. Die *Kathedrale* ließ man im ursprünglichen Stil (Gotik, 13. Jh.) wieder errichten. Die romanisch-gotische Krypta (12./13. Jh.) überstand die Flammen unbeschadet. Heute ist das Zentrum Kantabriens vor allem eine junge Universitätsstadt. Am Nordostrand der Stadt blüht die Tourismusindustrie auf. Über 4000 Hotelbetten, ebenso viele private Unterkünfte und Apartments liegen am teilweise an die 100 m breiten Sandstrand *El Sardinero.* Vom Fischerhafen *Puerto Chico* aus starten im Sommer im Zehnminutentakt kleine Passagierschiffe zu ruhigeren Stränden in Stadtnähe. Die *Universidad Internacional Menéndez Pelayo* inmitten einer prachtvollen Parkanlage, untergebracht in einem Palast, der bis 1912 den königlichen Sommersitz auf der Halbinsel *La Magdalena* bildete, bietet Sprach- und Kulturkurse für Ausländer an. Auch die rund 3 km Küstenpromenade, die ✪ *Av. de la Reina Victoria,* die La Magdalena mit dem Stadtzentrum verbindet und später in den ✪ *Paseo de Pereda* übergeht, lohnen den Gang.

MUSEEN

Museo Municipal de Bellas Artes
Spanische Meister aus dem 17. und 18. Jh.; angeschlossen ist die Bibliothek Menéndez Pelayo mit über 42 000 Bänden. *Mo–Sa 10.30 bis 13 und 17.30–20 Uhr, C. Rubio 4*

Museo Marítimo de Cantabria
Schaustücke des traditionellen Schiffbaus und ein Seewasseraquarium. *Di–So 10–13 und 16–18 (15. Juni–15. Sept. 11–13 und 16–19) Uhr, C. San Martín de Bajamar*

Museo Regional de Prehistoria y Arqueología
Umfangreiche vorgeschichtliche Funde, hauptsächlich aus den Höhlen Kantabriens. *Di–Sa 9–13 (Sommer 10–13) und 16–19 Uhr, So 11–14 Uhr, C. Casimiro Sainz 4*

RESTAURANTS

Die Hafengegend, das Barrio Pesquero, ist Anziehungspunkt für Erlebnis- und Spezialitätenhungrige. Sardinen, Fleisch- oder Fischspieße *(pinchos)* bereiten viele Restaurants im Sommer günstig auf dem Grill vor dem Lokal zu. Am Strand El Sardinero steigt hingegen das Preisniveau.

Bodega Cigaleña
Traditionelle Häppchen und Happen – und viele Weinsorten, um nachzuspülen. *Daoiz y Velarde 19, Tel. 942 21 30 62, Kategorie 2–3*

La Concha
Lokal, Barterrasse, Selbstbedienungsservice und gelegentlich auch nächtlicher Strandfetenort. *Playa de la Magdalena, Kategorie 2*

Piquío
An der Playa Sardinero lässt es sich hier nicht nur angenehm sitzen, sondern auch gut essen. Fleisch- und Fischspezialitäten. *Pl. de las Brisas, Tel. 942 27 55 03, Kategorie 2*

EINKAUFEN

Die Küstenstraße erschließt das Shoppingviertel der Stadt, das erlesene Höhepunkte um die *Av. de Calvo Sotelo* bietet. Die Boutique *Mafor* zählt mit über 100 Jahren

Santander: lebhafte Großstadt mit zahlreichen Sandstränden

Geschichte zu den gestandenen Häusern der Stadt. Im *Diferente (C. Vargas 55)* kann man Wurstwaren, Weine, Liköre und spanische Schaumweine kaufen – oder, bei deutlichem Kaufinteresse, auch vorher kosten.

ÜBERNACHTUNG

Hotel Central
Gut ein Jahrhundert alt, vor kurzem renoviert, zentral und mit aufmerksamem Service. *41 Zi., C. General Mola 5, Tel. 942 22 24 00, Fax 942 36 38 29, Kategorie 1–2*

AM ABEND

Das lebendige Strandviertel *El Sardinero* ist nachtaktiv. Vor allem entlang der *C. Panamá* füllen sich die Bars und Diskotheken. Bars wie das *Blues* oder *El Canela* an der *Pl. Cañadío* beginnen – besonders im Sommerhalbjahr – erst ab 24 Uhr ihr mondänes, nächtliches Leben. Hin und wieder Livemusik bietet das *U.P.* in der *C. de Fernández de Isla.*

AUSKUNFT

Oficina de Turismo
Pl. de Velarde 1, Tel. 942 31 07 08, Fax 942 36 20 78

ZIELE IN DER UMGEBUNG

Altamira **(157/D 3)**
Die weltberühmten *Cuevas de Altamira* (1,5 km südwestlich von Santillana del Mar) mit ihren prähistorischen Darstellungen (Pferde, Wild, Bisons) wurden erst 1868 entdeckt. Ein Besuch der Höhlen gestaltet sich für normale Sterbliche allerdings schwierig bis nahezu unmöglich. Täglich werden nur 15 Besucher zugelassen; Gesuche (lange im Voraus und mit Begründung) müssen schriftlich an den Chef des *Centro de Investigaciones y Museo de Altamira, 39330 Santillana del Mar,* gerichtet werden. Eine getreue Nachbildung des Hauptraums ist allerdings im Archäologischen Museum von Madrid zu finden. Freier Zugang in Altamira besteht lediglich zur Stalagmitenhöhle und zum kleinen angeschlossenen *Museum (tgl. 10–13 und 16–18 Uhr).*

Comillas **(157/D 3)**
Die erzbischöfliche Ortschaft (2400 Ew.) wartet mit einer illustren Sammlung kleiner Stadtpaläste (12./13. Jh.) auf. Herausragend *El Capricho* des katalanischen Architekten Antoni Gaudí. Seit 1993 kocht hier ein Restaurant *(Tel. 942 72 03 65, Kategorie 1)* unter Leitung der japanischen Finanzgruppe Mido unter den phantasievollen Arabesken des Baumeisters. Ein kleiner, aber schöner Sandstrand liegt zu Füßen der Ortschaft.

Maliaño **(157/D 3)**
Wer tiefer in das Leben und die Alltagskultur der Kantabrer eindringen möchte, sollte einen Umweg in das 7 km landeinwärts gelegene Städtchen machen. Dort erinnert das *Museo Etnográfico de Cantabria (Di–So 10–14 und 16–19 Uhr)* an die örtliche Lebensweise und an Traditionen aus dem 17. und 18. Jh.

Santillana del Mar **(157/D 3)**
Noble Herrensitze wie der des *Marqués de Santillana* oder die *Casa de los Velarde,* die trotz ihrer Ursprünge aus dem 15. bis 16. Jh.

hervorragend erhalten sind, gruppieren sich um das Münster des 4000-Ew.-Ortes. Die *Colegiata,* errichtet vom 11. bis 13. Jh., zählt zu den wichtigsten Gebäuden mit romanischen Wurzeln in ganz Kantabrien; der Innenraum ist in drei ungleiche Kirchenschiffe aufgeteilt, das linke führt zu Sakristei und Kreuzgang, die das stifteigene Museum beherbergen *(Museo de la Colegiata, tgl. 10–13 und 15–20 Uhr).* Ebenfalls im Zentrum: der Herrensitz der Familie Barreda-Bracho aus dem 15. Jh., heute *Parador (56 Zi., Pl. de Ramón Pelayo 11, Tel. 942 81 80 00, Fax 942 81 83 91, Kategorie 1).*

SANTIAGO DE COMPOSTELA

(156/A 3) ★ Bis heute ist die Stadt geistiges und geistliches Zentrum Nordspaniens. Die Geschichte der ehemals römischen Provinzhauptstadt ist eng mit dem Apostel Santiago (Sankt Jakob) verwoben, dessen Andenken Bewohner und moderne Pilger mit enormem Aufwand in der zweiten Julihälfte feiern. Besonders spektakulär in heiligen Jahren, also immer dann, wenn der 25. Juli auf einen Sonntag fällt. 114 Glockentürme in einer 98 000-Seelen-Stadt sprechen ebenfalls für sich.

Sieben Jahre lang soll sich Jacobus im Norden Spaniens aufgehalten haben, bevor er im Jahr 44 im Nahen Osten den Märtyrertod starb. Seinem letzten Wunsch entsprechend wurde er in Galicien bestattet, die genaue Grabstelle freilich geheim gehalten. Erst 813 will ein Mönch mehrmals einen Stern über einem stillen galicischen Tal aufgehen sehen haben. Die Legende von Santiago verbreitete sich über ganz Nordspanien und bis weit nach Frankreich hinein. Der asturische König Alfons II. nutzte so viel christliches Interesse gegen die ungläubigen arabischen Besatzer, die noch weite Teile des spanischen Festlands beherrschten, und ließ eilends ein Kloster errichten, das sich schnell zu einem der wichtigsten Pilgerziele christlicher Heils- und Glaubenssucher entwickelte.

BESICHTIGUNGEN

Die gesamte Innenstadt mit ihren typischen Gassen wurde 1985 von der Unesco zum Kulturerbe der Menschheit erklärt und damit geschützt. Einen ersten Eindruck verschafft man sich vom *Paseo de la Herradura* aus, oberhalb der Calle del Pombal. Am lebendigsten wird die Altstadt am südlichen Ende der Fußgängerzone bei der *Praça do Toural.*

Catedral/Praça do Obradoiro

Die Kathedrale am beeindruckenden Hauptplatz, der Praça do Obradoiro, wurde ab 1075 an der Stelle errichtet, wo der Legende nach ein Mönch das Grab des heiligen Jakob aufgespürt hatte. Im Laufe der folgenden sieben Jahrhunderte wuchs sie auf ihre heutigen Ausmaße. Jedes einzelne der sechs detailreichen Haupttore und jede der 19 prachtvoll ausgestatteten Kapellen lohnen den Besuch. Vom Kreuzgang *(claustro)* aus öffnen sich die Museumsräume. Die sterblichen Überreste des Apostels sollen sich in einer silbernen Urne in der Krypta unterhalb des Hauptaltars in der Capilla Mayor befinden *(Kreuzgang, Museum und Krypta Sommer tgl. 10–13.30 und 16–19, Winter Mo–Sa 11–13 und 16–18 Uhr).* Auf der linken Seite des Platzes schließt sich der erzbischöfliche *Palacio de Gelmírez (Mo bis Sa 9–13 und 16–19 Uhr)* an, der in seiner heutigen Gestalt ab dem 18. Jh. errichtet wurde, aber freilich auf weit ältere Ursprünge (12. Jh.) zurückgeht. Auch der der Kathedrale gegenüberliegende *Palacio de Rajoy (beim Pförtner klingeln, tgl. 10–14 und 16–20 Uhr)* kann besucht werden; er ist heute Rathaus und Sitz der galicischen Regionalregierung. Die Nordseite des Platzes nimmt das ehemalige *Königliche Hospital (Besuch nur mit offiziellem Führer, Tel. 918 58 59 27, Aug. und Sept. jeden Abend ab 20 Uhr klassische Konzerte)* – der heute ebenso luxuriöse wie kostspielige Parador – ein, das seit dem 15. Jh. Pilgern Unterkunft gewährte.

MUSEUM

Museo de las Peregrinaciones
Das Pilgermuseum zeigt nach Umbauarbeiten wieder die Geschichte des Pilgerkults. *Di–Fr 10–20, Sa 10.30–13.30 und 17–20, So 10.30–13.30 Uhr, Pl. San Miguel*

RESTAURANTS

Alameda
Klassiker mit Terrasse und Stadtblick bei vernünftigen Preisen. *Porta Fajera 15, Tel. 981 58 66 57, Kategorie 2*

El Asesino
Seit mehr als einem Jahrhundert bereitet die Familie Neira typisch galicische Hausmannskost zu. *Pl. Universidad 16, Tel. 981 58 15 68, Kategorie 2*

Toñi Vicente
Eine der besten Adressen ganz Nordspaniens, die Dame kocht auch gelegentlich für die spanische Königsfamilie. Feine und schmackhafte Küche, köstliche Salate. *Av. de Rosalía de Castro 24, Tel. 981 59 41 00, Kategorie 1*

EINKAUFEN

Bei *Mayer (Pl. de las Platerías 6)* und *Requeijo Rebón (C. Font Sant Miguel 10)* kunsthandwerklicher Strass und Modeschmuck. *Rosillo Jiménez (Rúa de San Pedro 50)* hat Antiquitäten, *Sargadelos (Rúa Nova 14)* und *Xanela (Rúa Nova 16)* verkaufen Keramikarbeiten.

ÜBERNACHTUNG

Hogar San Francisco
Im Zentrum, zu einem akzeptablen Preis und mit dem Service und der Ausstattung, die man von einem Hotel dieser Klasse erwarten darf. *71 Zi., Campillo de San Francisco 3, Tel. 981 58 16 00, Fax 981 57 19 16, Kategorie 2*

AM ABEND

Nicht nur abends merkt man, dass dem altehrwürdigen Santiago de Compostela wenig Verstaubtes anhaftet. Der wunderbare alte Stadtkern berauscht sich am frischen Geist einer jungen Universitätsstadt. Außer in den Bars und Cafés um die *Rúa Franco* und *Rúa del Villar* kann man sein Glück an der *Pl. Roja* versuchen. Seit Jahren ist die Disko *Black (Av. Rosalía de Castro)* ein fester Bestandteil nächtlicher Pilgerzüge. Das *Café Derby (C. Huérfanas 29)* ist hingegen ein echtes Überbleibsel aus den Dreißigerjahren:

Tradition mit dem Geschmack der Popgeneration. Ein Tipp für einen abendlichen Tapatrip mit gutem Wein ist *Travieso (Rúa de Home Santo 62).*

AUSKUNFT

Oficina de Turismo
Rúa do Villar 43, Tel. 981 58 40 81, Fax 981 56 51 78

ZIEL IN DER UMGEBUNG

Westküste **(156/A 3)**
Zu empfehlen sind die landschaftlich reizvollen 125 km zum ★ *Cabo Fisterra,* entlang der C 543 und C 550. Auf dem Weg: *Noia,* ein kleines Städtchen, halb mittelalterlich, halb industriell (Leder); eine Brücke aus dem 14. Jh., *Puente de Don Alonso;* die Ortschaft *Muros* mit ihren steilen Gässchen liegt malerisch mit Fischerhafen an einer *ría.* Vorbei an kleinen Stränden geht es schließlich bis zum gewaltigen Granitkap, das durch eine schmale Sandzunge mit dem Festland verbunden ist.

VIGO

(156/A 3) Die bevölkerungsreichste Stadt Galiciens (knapp 300 000 Ew.), wichtigster Waren- und Fischereihafen der spanischen Atlantikküste, die größten Steinbrüche (Granit), dazu eine bedeutende Metall- und Fischereiindustrie: Dem Besucher erschließen sich diese Superlative am gefälligsten von der ✪ *Av. de Cánovas del Castillo* aus. Im kleinen Hafen liegen die Fischerboote dicht an dicht, im Südosten schließt sich der alte Stadtkern an, dem seine Bewohner, überwiegend Fischer und Seeleute, einen deutlichen Stempel aufdrücken. Interessant im Süden der Stadt auf der Kuppe des Hügels, eingebettet in die große Parkanlage *Colina de Castro,* eine Festung *(El Castro),* deren Ursprünge auf das 10. Jh. zurückgehen, und die Aussichtsplattform ★ *Mirador del Castro.* Am südlichen Stadtrand zeigt das *Museo Municipal (tgl. 11–13 und 16 bis 18 Uhr, im Parque Quiñones de León)* eine interessante Sammlung holländischer und französischer Meister (17. und 18. Jh.) sowie zeitgenössischer galicischer Künstler.

Gegenüber dem Mercado de Teis liegt das kleine Restaurant *La Oca (C. Purificación Saavedra 8, Tel. 986 37 12 55, Kategorie 2).* Es bietet eine regionale Küche mit französischen Untertönen. Das Paradies für alle Freunde von (gegrilltem) Fisch und Meeresfrüchten ist das *Puesto Piloto Alcabre (Av. Atlántida 98, Tel. 986 24 15 24, Kategorie 2).* Auskunft erhalten Sie bei der *Oficina de Turismo, Estación Marítima de Transatlánticos, Tel./Fax 986 43 05 77.*

ZIEL IN DER UMGEBUNG

Westküste **(156/A 3–4)**
Die schönen *Islas Cíes* liegen acht Seemeilen vor der Küste innerhalb eines Seeschutzgebietes. Im Sommer gehen mehrmals täglich Fähren ab Portonovo. Richtung Süden wächst sich *Baiona,* ein schöner alter Fischerort, zum Zentrum der Tourismusindustrie aus. *A Garda* ist Spaniens letzter Ort vor der Grenze zu Portugal, mit Fischerhafen, gutem Strand und der wichtigen keltischen Ausgrabungsstätte am *Monte Santa Tecla.* Das kleine Museum öffnet *Mo–Sa 10–14 und 15–20 Uhr.*

ZARAGOZA

(**157/F 5**) Mit gut 600 000 Ew. präsentiert sich Zaragoza heute als lebendige, aufgeschlossene Landeshauptstadt von Aragón, obwohl die Stadtgeschichte bereits auf eine römische Siedlung aus dem Jahre 25 v. Chr. zurückgeht. Ab 713 besetzten Mauren die Stadt und führten sie zu einer ersten Blüte. 400 Jahre später (1118) gelang Alfonso I die Rückeroberung. Er machte Zaragoza zur Hauptstadt Aragoniens. Jeder Kulturkreis hat seine Spuren hinterlassen, die sich vor allem im historischen Stadtkern der ständig wachsenden Metropole, auf der südlichen Seite des Río Ebro, konzentrieren.

BESICHTIGUNGEN

Basílica de Nuestra Señora del Pilar
Die mächtige Silhouette der Basilika hebt sich markant aus dem Stadtbild hervor. Sie ist eine der ersten großen Weihestätten der Jungfrau Maria und gleichzeitig eines der prominentesten Heiligtümer Spaniens, dessen Grundsteinlegung auf den Apostel Jakob 40 n. Chr. zurückgehen soll. Im dreischiffigen Innenraum

Grundstein aus biblischer Zeit: Nuestra Señora del Pilar in Zaragoza

sollte man sein Augenmerk auf den *Hauptaltar* (Alabasterrelief aus dem Jahre 1509) richten, auf die barocke Seitenkapelle *Capilla de Nuestra Señora del Pilar* und auf das *Museo Pilarista (Sommer tgl. 6–21, Winter 6–20 Uhr, Pl. de Nuestra Señora del Pilar),* gefüllt mit Pilgerschenkungen und Fresken von Goya und Bayeu.

Catedral La Seo
Bereits im 12. Jh. auf den Resten einer Moschee errichtet. *Di–Sa 10–13.30 und 17–20.30, So 10 bis 13.30 Uhr*

La Lonja
Die ehemalige Warenhandelsbörse wird heute als Ausstellungsraum für wechselnde Anlässe genutzt. *Bei Ausstellungen Di–Sa 10–13.30 und 17–20, So 10–14 Uhr, Pl. de La Seo*

Mercado Central
Die stählerne Bautechnik des Eiffelturms findet ihr spanisches Gegenstück in der beeindruckenden Markthalle von 1903. *Pl. Lanuza*

Murallas Romanas
Nahe der Brücke Puente de Santiago sind Reste der römischen Stadtbefestigung zu besichtigen.

Palacio de la Aljafería
Vom berühmten Palast der Kalifen sind noch ein Turm und mehrere Palasträume mit den typischen islamischen Ornamenten zu sehen. Das ursprüngliche Bauwerk stammt aus dem 11. Jh., im 13. Jh. ließen die neuen, aragonesischen Machthaber die Anlage umbauen. *Führung obligatorisch, Fr–Mi 10.30, 11.30, 12.30 Uhr, Sa bis Mi außerdem 16.30, 17.30, 18.30 Uhr, Av. Madrid*

Puente de Piedra
Römisch, restauriert im 15. Jh. Über sie ist der moderne Nordteil der Stadt mit dem alten Südteil verbunden.

MUSEEN

Museo Etnológico und Museo de Cerámica
Exponate zur regionalen Kultur, zur Flora und Fauna. Das zweite Museum stellt Keramik aus. *Beide Di–Sa 9–14, So 10–14 Uhr, Parque Primo de Rivera*

Museo del Foro Romano
Antike römische Kanalisation zum Ansehen, Anfassen und Verstehen. Audiovisuelle Schau, gut aufgebaut und umgesetzt. *Di–Sa 10–14 und 17–20 Uhr, So 10–14 Uhr, Pl. de La Seo*

Museo de Tapices
Wertvolle Wandbehänge und Requisiten mit religiösem Hintergrund. *Angeschlossen an die Kathedrale, Di–Sa 10–13.30 und 17 bis 18.30, So 10–13.30 Uhr*

Museo de Zaragoza
Mit einer archäologischen und einer der klassischen und zeitgenössischen Malerei gewidmeten Abteilung. *Di–Sa 10–14 und 17 bis 20, So 10–14 Uhr, Pl. de los Sitios 6*

RESTAURANTS

Los Borrachos
Luxuriöse Ausstattung und ebenso erlesene Gerichte. Spezialität: Wild. *Paseo Sagasta 64, Tel. 976 27 50 36, Kategorie 1*

Casa Emilio
Nicht nur wegen des guten Preis-Leistungs-Verhältnisses bei

den Einheimischen beliebt. Traditionelle Küche und Fischgerichte. *Av. de Madrid 5, Tel. 976 43 58 39, Kategorie 2–3*

Rinconada de Lorenzo
Wild, Geflügel und Fisch: die klassische Küche Aragóns. *C. Lasalle 3, Tel. 976 55 51 08, Kategorie 2*

EINKAUFEN

Der Altstadtkern weist eine ganze Reihe von Fußgängerpassagen auf, die zum Schaufensterbummel einladen. Einkaufsstraßen mit namhaften Boutiquen sind die *Av. de la Independencia* und *Coso. Arturo Laguarta (C. Amapola 35)* verkauft mundgeblasene Glaswaren; *Manuel Sanjuan (C. Jordana 17)* formt Blech kunstfertig zu verschiedenen Gegenständen; Antiquitäten gibt es zwischen *C. Mayor* und *Pl. San Bruno.*

ÜBERNACHTUNG

Ramiro I
Freundlicher Service und ein gutes Preis-Leistungs-Verhältnis zeichnen dieses zentral an der Ringstraße gelegene Hotel aus. *104 Zi., Coso 123, Tel. 976 29 82 00, Fax 976 39 89 52, Kategorie 1–2*

Rey Alfonso
Mitten im Zentrum, modern und ohne Schnörkel, korrekter Service. *110 Zi., Coso 17, Tel. 976 39 48 50, Fax 976 39 96 40, Kategorie 1–2*

AM ABEND

Abends findet man Bars für junge Leute um die C. Predicadores herum, Cafés und *chocolaterías* um die Pl. Santa Cruz, Tapabars und Pubs in der Gegend um die Pl. Santa Marta, Pl. San Miguel und C. Reconquista.

AUSKUNFT

Oficina de Turismo
Pl. de Nuestra Señora del Pilar, Tel. 976 20 12 00, Fax 976 20 06 35, www.turismozaragoza.com

ZIELE IN DER UMGEBUNG

Calatayud **(157/E 5)**
Südwestlich von Zaragoza, in Richtung Madrid (N 2), geht das Ebro-Tal allmählich in die Vorgebirge des iberischen Zentralsystems über. Nach rund 90 km erreicht man die 18 000-Ew.-Ortschaft Calatayud. Ursprünglich eine römische Siedlung, wurde Calatayud später von den Mauren besetzt, die oberhalb der Stadt eine Burg errichteten. Die Ruinen des *Castillo Árabe* (13. Jh.) und die Reste der römischen Garnison *(Bilbilis, 5 km nordöstlich)* sind zur Besichtigung freigegeben. Auch die Altstadt von Calatayud selbst lohnt einen Besuch.

Monasterio de Piedra **(157/E 5)**
15 km südlich von Calatayud liegen der Stausee *Embalse de la Tranquera* und das Kloster Monasterio de Piedra (12. Jh.) inmitten einer grünen Oase. Der herrliche *Klostergarten* (Pferdeschwanzkaskaden, kleine Seen und Wald) ist *tgl. 8–20 Uhr im Sommer und 9–18 Uhr im Winter* geöffnet. Das Zisterzienserkloster selbst wird von den Mönchen als günstige Herberge betrieben. Das hat sich inzwischen allerdings herumgesprochen – Voranmeldung ist deshalb unbedingt empfehlenswert: *61 Zi., Tel. 976 84 90 11, Fax 976 84 90 54, Kategorie 2*

Im stillen Kernland der Halbinsel

Die schönsten Städte und die urtümlichsten Landschaften Spaniens liegen in Kastilien und Extremadura

Die flächenmäßig größten, aber bevölkerungsärmsten Regionen Spaniens liegen im Zentrum der Iberischen Halbinsel. Da ist einmal Castilla y León im Norden: Inmitten einer Hochebene, die im Durchschnitt 1000 m über dem Meer liegt, konzentrieren sich die meisten Monumente aus der Zeit der christlichen Rückeroberung, verträumte, mittelalterliche Städte, riesige Weinanbaugebiete, weite Kornfelder und karge Viehweiden. ★ Extremadura im Südwesten ist vielleicht die schönste Landschaft Spaniens, unentdeckt, ursprünglich und dank eines rigorosen Bewässerungsplans immer grüner. Castilla-La Mancha heißt die Region im Südosten: Durch die weiten, meist baumlosen Hochebenen ließ schon Miguel de Cervantes seinen Don Quijote reiten, über weiche, windgerundete Hügel, auf denen goldgelbes Korn wallt, durch endlose Olivenplantagen und Weinfelder. Charakteristisch für ganz Zentralspanien sind strenge Winter und heiße Sommer mit extremen Temperaturen.

Toledo: eine Stadt wie ein Museum

ARANJUEZ

(163/E 5) Das Ergebnis der Bemühungen einer ganzen Schar berühmter Architekten Spaniens durch die Jahrhunderte kann sich sehen lassen: Aranjuez (36 000 Ew.) wuchs, genährt von den fruchtbaren Auen der Flüsse Tajo und Jarama, zur königlichen Großparkanlage – in der heute gewöhnliche Sterbliche lustwandeln. Besonders an den Wochenenden des Sommers entfliehen viele Städter der Dunstglocke Madrids; die sonst so schweigsamen Gärten füllen sich dann mit Leben. Besonders eindrucksvoll nähert man sich von Süden dem gepflegten Garten Eden, der schon Generationen von Spaniens Malern und Dichtern beflügelt hat.

BESICHTIGUNGEN

Jardín del Príncipe
Östlich der Pl. de Santiago Rusiñol breitet sich der größere Park bis an die Ufer des Tajo aus. Die

über 160 ha Gartenlandschaft, angelegt im Jahr 1763 auf Geheiß des damaligen Prinzen Karl IV., warten neben mehreren Pavillons mit zwei Höhepunkten auf: Der kleine Herrensitz *Casa del Labrador* übertrifft mit seiner prunkvollen Ausstattung sogar noch den königlichen Palast. Das »Bootshaus« Karls IV., die *Casa de Marinos,* liegt gleich in der Nähe.

Palacio Real
Der aus Ziegel- und Naturstein erbaute Königspalast hat durch die drei Jahrhunderte währenden Ausbauarbeiten nichts von seiner Harmonie eingebüßt. Zwei ausladende Seitenflügel öffnen sich nach Westen, eine gewaltige Ehrentreppe leitet fast automatisch in den ersten Stock, wo offizielle Empfangsräume und private Gemächer (u. a. ein chinesisches und ein arabisches Zimmer) ihre opulente Ausstattung präsentieren. Die Ausstellung königlicher Gewänder nimmt gleich mehrere Säle ein. Im Norden schließt sich der geometrische Inselgarten *Jardín de la Isla* an den Palast an. Nur einige Brücken verbinden das kleine Eiland mit dem südlichen Flussufer; der Kanal trieb einst Wassermühlen an. *Di–So 10 bis 17.15 (Sommer bis 18.15) Uhr, Pl. de Santiago Rusiñol*

RESTAURANT/CAFÉ

Café Italiana
Eine gute Adresse für ein ausgiebiges Frühstück. *C. San Antonio 17*

Casa Pablo
Schmackhafte Mahlzeiten zu angemessenen Preisen haben die Casa Pablo zur Königin der örtlichen Gastronomie werden lassen. Tischreservierung empfohlen. *C. Almíbar 42, Tel. 918 91 14 51, Kategorie 1*

AUSKUNFT

Oficina de Turismo
C. San Antonio 9, Tel. 918 91 04 27

ASTORGA

(156/C 4) Verschlafen lehnt der Ort in 868 m Höhe an der Flanke des Maragatería-Gebirges. In der kleinen Provinzstadt Astorga (12 600 Ew.) scheint die Zeit im Mittelalter stehen geblieben zu sein. Ge-

MARCO POLO TIPPS FÜR ZENTRALSPANIEN

1 Segovia
Schlemmer aus Madrid und Umgebung schwärmen von Segovias Küche. Darüber hinaus gibt es aber auch Sehenswertes in der Stadt (Seite 80)

2 Toledo
Eine Stadt wie ein Museum (Seite 84)

3 Extremadura
Im abgeschiedenen Westen findet man noch Gastfreundschaft und Brauchtum vom alten Schlage (Seite 65)

4 Ávila
Eine Vielzahl von handwerklichen Manufakturen (Seite 67)

gründet wurde Asturica Augusta ursprünglich als eine der wichtigen römischen Siedlungen auf dem spanischen Festland. Heute ist das Städtchen nur mehr Etappenziel der Pilgerzüge auf dem Jakobsweg.

Von den einst 22 Hospitälern der Stadt hat nur das *Hospital de Astorga* (gegründet im Jahr 1178) neben der gotischen *Kathedrale* (Bauzeit 15.–18. Jh.) mit dem *Diözesanmuseum* den Sprung ins 20. Jh. geschafft. Direkt gegenüber an der *Pl. de la Catedral* die verspielte Barockkirche *Santa Marta.* Ebenfalls am Platz der *Bischofspalast,* den Spaniens kreativer Meisterarchitekt des Modernisme Antoni Gaudí zwischen 1887 und 1894 baute und der heute u. a. das Pilgermuseum beherbergt *(Museo de los Caminos, Winter Mo–Sa 11–14 und 15.30 bis 18, Sommer 10–14 und 16–20 Uhr, Palacio Episcopal).*

Ausgezeichnet essen und schlafen kann man im *Hotelrestaurant Gaudí (35 Zi., Pl. Eduardo de Castro 6, Tel. 987 61 56 54, Fax 987 61 50 40, Kategorie 2)* im historischen Stadtzentrum. *Im Hostal-Restaurant La Peseta (20 Zi., Pl. San Bartolomé 3, Tel. 987 61 72 75, Fax 987 61 53 00, Kategorie 3)* isst man ebenfalls sehr gut, das Hotel fällt allerdings gegenüber dem Hotel Gaudí zurück. Auskunft: *Oficina de Turismo, Pl. España (im Rathaus), Tel. 987 61 68 38*

ZIEL IN DER UMGEBUNG

Castrillo de los Polvazares (156/C 4)
Natursteinhäuser, 540 Seelen und ein ausgezeichneter Ruf für Hausmacherwürste, -braten und -eintöpfe – nur etwa 5 km außerhalb von Astorga. Typisch und günstig ißt man zum Beispiel in der *Hostería Cuca La Vaina (7 Zi., C. del Jardín, Tel./Fax 987 69 10 78, Kategorie 3).* Hier werden reichliche Portionen serviert, und man kann auch übernachten.

ÁVILA

(162/A 2–3) Die höchstgelegene Stadt Spaniens (42 000 Ew.) sitzt wie ein Adlerhorst in 1130 m Höhe auf einer Bergkuppe der Ausläufer des iberischen Zentralsystems. Seit Jahrhunderten wird sie von den massigen Rundungen einer gewaltigen Stadtmauer behütet, die auf einer Länge von gut 2250 m nicht weniger als 50 Ausluge und neun Stadttore aufweist. Die Wehrmauern bestimmten schon im 11. Jh. und später bei ihrem Ausbau im 14. Jh. die Grenzen der Ortschaft. Erst in den letzten Jahrzehnten begann die Hauptstadt der gleichnamigen Provinz nach Süden und Osten überzuquellen. In den frühen Abendstunden, wenn in Ávila die Beleuchtung angeht, genießt man von *Cruz de los Cuatro Postes* an der Straße nach Salamanca einen atemberaubenden Ausblick auf die Stadt und ihre Mauer.

In Ávila fallen vor allem zwei Dinge auf: die Vielzahl von ★ kunsthandwerklichen Manufakturen – die regionalen Handwerker haben hier nie den Sprung zur Industrialisierung vollzogen – und ein ausgeprägter Kult um die Mystikerin Teresa von Ávila (Teresa de Cepeda, 1515–1582). Zu Lebzeiten soll sie eine Reihe »wunderbarer« Taten vollbracht haben; ganz sicher werden ihr eine Vielzahl von religiösen

50 Ausluge und neun Tore zählt Ávilas mittelalterliche Stadtmauer

Traktaten und spirituellen Lehrbüchern zugeschrieben. 1622 wurde sie heilig gesprochen.

BESICHTIGUNGEN

Basílica de San Vicente

Die Ursprünge des romanischen Bauwerks gehen auf das Jahr 1093 zurück. Der aktuelle Bau wurde im 14. Jh. an der Stelle errichtet, an der der heilige Vicente und seine Schwestern den Märtyrertod starben. *Mo–Sa 10–14 und 17–19.30 Uhr, Pl. de San Vicente*

Catedral

Die Kathedrale (romanisch, ab 1172) mit trutzigem Hauptturm, ausladenden Seitenschiffen und einem ungewöhnlich hohen Mittelschiff beherrscht die Ostflanke der Stadtmauer. Der erste, nüchterne Eindruck schwindet mit dem Eintreten: Ihr lichter Innenraum birgt zahlreiche Kunstschätze und ein interessantes Museum. *Kathedrale tgl. 10–18.30, Museum tgl. 10–13 und 15.30 bis 18.30 Uhr, Pl. de la Catedral*

Convento de Santa Teresa

Die wichtige Pilgerstätte innerhalb der Stadtmauer wurde an der Stelle errichtet, an der die Heilige das Licht der Welt erblickte. *Tgl. 8.30–13.30 und 16.30 bis 20.30 Uhr, Pl. Santa Teresa*

Palacio de los Dávila

Der Adelspalast aus dem 13. Jh. ist heute Bischofspalast. *Nur Do 16–18 Uhr, direkt an der südlichen Stadtmauer*

MUSEEN

Convento de San José

In dem 1562 gegründeten Kloster ist ein kleines Museum mit Reliquien und Andenken an die heilige Teresa eingerichtet. *Mo bis Fr 10–13.30 und 15–18 Uhr, Sa 10 bis 14 und 16–18 Uhr, C. Duque de Alba*

Museo de Arte Oriental

Mit rund 1500 Ausstellungsstücken eines der bedeutenden Museen zum Thema orientalische Künste im Kloster Convento de Santo Tomás. *Museum Di–So 11–13 und 16–18 Uhr, Kloster Di–So 10–13 und 16–20 Uhr, Pl. de Granada 1*

Museo Provincial
Das Provinzmuseum liegt außerhalb der Stadtmauer an der Rückseite der Kathedrale in einem alten Herrenhaus aus dem 16. Jh., der sehenswerten *Casa de los Deanes.* Ausgestellt sind Skulpturen, spanisches Mobiliar, Keramik und Gemälde. *Di–So 10–14 und 16.30 (Juli–Sept. 17)–19.30 Uhr, Pl. de los Nalvillos 3*

RESTAURANTS

Copacabana
Gut isst man in diesem hervorragend zwischen Stadtmauer und Pl. Santa Teresa gelegenen Restaurant. Schwerpunkt sind Fleischgerichte. *C. San Millán 9, Tel. 920 21 11 10, Kategorie 1–2*

Mesón Del Rastro
Klassiker mit traditioneller, deftiger Küche. *Pl. del Rastro 1, Tel. 920 21 12 18, Kategorie 2*

Mesón El Sol
Ebenfalls gute, traditionelle Küche. Mittags kann man nach dem Menü fragen. *Av. 18 de Julio 25, Tel. 920 22 02 11, Kategorie 2*

ÜBERNACHTUNG

Don Carmelo
Günstig, aber nicht ohne Stil und Ambiente. *97 Zi., Paseo de Don Carmelo 30, Tel. 920 22 80 50, Fax 920 25 12 41, Kategorie 2*

Palacio de Valderrábanos
Ein illustres Hotel, stilvoll untergebracht im gleichnamigen Herrenhaus aus dem 15. Jh. *73 Zi., Pl. de la Catedral 9, Tel. 920 21 10 23, Fax 920 25 16 91, Kategorie 1*

Parador de Ávila
Feudal-mittelalterlich kommen Sie hier in einem alten Naturstein-Herrensitz unter. *62 Zi., C. Marqués de Canales de Chozas 2, Tel. 920 21 13 40, Fax 920 22 61 66, Kategorie 1*

AUSKUNFT

Oficina de Turismo
Pl. de la Catedral 4, Tel. 920 21 13 87, Fax 920 25 37 17

ZIELE IN DER UMGEBUNG

San Martín de Valdeiglesias (159/E 2)
Die N 403 führt zurück ins Altertum: In San Martín fand man die vier keltiberischen steinernen Stiere *(Toros de Guisando),* die heute im Nationalmuseum in Madrid ausgestellt sind. Bekannt ist der Ort auch für seine Burg, das *Castillo de la Coracera.*

Sierra de Gredos (159/D 2–3)
Im Winter wird das gebirgige Umland Ávilas besonders von Besuchern aus Madrid für den Wintersport genutzt (z. B. *Puerto de Menga, Pico Almanzor*). Die Temperaturen steigen erst ab Mai auf zwölf Durchschnittsgrade. Im Sommer regt hier eine tier- und pflanzenartenreiche Natur zu Ausflügen an. Der N 502 folgend, gelangen Sie über den ersten Pass, *Puerto de Menga,* und den ★ *Puerto del Pico* in 1352 m Höhe in das Bergdorf *Cuevas del Valle* und schließlich nach *Arenas de San Pedro,* einem der Schlüsselorte für die Erwanderung der

Die Sierra de Gredos lädt im Sommer zum Wandern, im Winter zum Skifahren

Sierra de Gredos. In *Guisando* finden Sie das *Hostal Pepe (Villarejo, 6 km von Arenas de San Pedro, 10 Zi., Tel. 920 37 40 18, Kategorie 2–3)*, wo Sie nicht nur deftig (und günstig) essen, sondern auch übernachten können – schlicht, aber umgeben von purer Natur. Auch der erste aller Paradores (1928 eingeweiht) wartet in der Sierra de Gredos mit rustikaler Einfachheit auf *(Parador de Gredos, 77 Zi., Navarredonda de Gredos, N 500 Barraco–Béjar, km 43, Tel. 920 34 80 48, Fax 920 34 82 05, Kategorie 1–2)*.

BADAJOZ

(158/C 3) Da läuft den Gourmets in ganz Spanien das Wasser im Munde zusammen: Einige der besten iberischen Schinken, nur leicht gepökelt und luftgetrocknet, stammen aus der Region Badajoz. Aber auch unter Spaniens Abenteuersportlern wird die größte aller spanischen Provinzen zunehmend bekannt. Hier sind ausgedehnte Radtouren möglich, Wanderungen durch nahezu jungfräuliche Landschaften und Freeclimbing im Gebirge; auf künstlichen Seen und auf den Flüssen kann man segeln, surfen, Kanu fahren und fischen. Die Stadt Badajoz (130 000 Ew.) ist Grenzstadt zum Nachbarland, jedes Frühjahr strömen die Portugiesen zu Hunderten über die Grenze, um den Carnaval de Badajoz, eine der wichtigen und bunten Karnevalsveranstaltungen in Spanien, zu erleben. Dass das Zusammenleben mit der einst konkurrierenden Seefahrermacht nicht immer so harmonisch verlief, belegt die Vielzahl der Festungen und Verteidigungseinrichtungen, die Badajoz noch heute wie einen Ring umschließen. Andererseits wird nicht nur durch die große Anzahl von Tapabars im Stadtkern auch andalusische Nähe deutlich. Das Wesen der Städter ist lebenslustig und aufgeschlossen wie im Süden Spaniens.

BESICHTIGUNGEN

Alcazaba
Von der arabischen Festung aus dem 11. Jh. sind noch ein beeindruckendes Eingangstor, Teile der Mauern und ein großer, achteckiger Turm erhalten. Bis ins 16. Jh. konzentrierte sich die gesamte Stadtbevölkerung innerhalb der Schutzmauern.

Catedral de San Juan Bautista
Eine vergleichsweise schlichte Kathedrale mit reicher Innenausstattung, deren Bau 1232 begonnen und erst im 16. Jh. abgeschlossen wurde. *Di–Sa 11–13 und 18–20 Uhr, Pl. de España*

Puente de Palmas
Mit 582 m Länge führt die Brücke aus dem 16. Jh. über den Río Guadiana, an den Enden durch mächtige Wehrtürme beschützt.

MUSEEN

Museo de Arqueología Provincial
Das archäologische Museum zeigt Funde aus der Provinz Badajoz von der Prähistorie bis zur Epoche der arabischen Besatzung und des Mittelalters. *Di–So 10–15 Uhr, in der Alcazaba, Pl. José Álvarez*

Museo Extremeño e Iberoamericano (MEIAC)
Das sehr interessante Museum vereint in einem modernen Gebäude portugiesische, südamerikanische und spanische Maler. *Di–So 10.30–13.30 und 17–20 (Winter), 18–21 Uhr (Sommer), C. del Museo 2*

RESTAURANT

Los Gabrieles
Hausmacherküche zu vernünftigen Preisen. Hier hilft die ganze Familie im Betrieb. *C. Vicente Barrantes 21, Tel. 924 22 00 01, Kategorie 2–3*

ÜBERNACHTUNG

Lisboa
Ordentliche Unterkunft mit dem Komfort, den man in dieser Klasse erwarten darf, sowie einem Schwimmbecken. *176 Zi., Av. Elvas 13, Tel. 924 27 29 00, Fax 924 27 22 50, Kategorie 2*

SPORT

Golf del Guadiana
Mit 18 Löchern auf 112 ha eine der großen Golfanlagen Spaniens mit einem reichhaltigen Zusatzangebot: Gymnastikhalle, Sauna, Pool usw. *6 km vor Badajoz, ab Autobahnabfahrt ausgeschildert*

AM ABEND

Tipps für eine Tapatour: *Los Navegantes (C. San Pedro de Alcántara)*, eine Bodega mit reicher Tapatheke; *Los Amigos de Guadiana* und das *47 (beide nahe der Kirche San Agustín)*; den guten *jamón serrano* der Gegend und Salate probieren Sie am besten im *El Sotano (C. Virgen de la Soledad)*. Kaffee trinkt man im Art-déco-Rahmen des *Delta (C. Mayor)*. Abends füllt sich die ✰ *C. Zurbarán* mit jungen Leuten, auch hier gibt es einige Tapabars, z. B. *El Pitchi, La Bellota de Oro* oder *La Ría*. Auch ein echtes Undergroundtheater findet man in Badajoz mit Rock, Shows, Kabarett und mehr: *Sala Tragaluz, C. Múñoz Torreno 22*

AUSKUNFT

Oficina de Turismo
Pasaje de San Juan, Tel. 924 22 49 81, Fax 924 21 01 20

CÁCERES

(**158/C 3**) Der Charme der 80 000-Ew.-Stadt liegt in der Vielzahl kleiner Stadtpaläste und Herrenhäuser, die sich um Plätze und Gassen der Innenstadt drängen. Die gesamte Altstadt wurde von der Unesco zum Weltkulturerbe der Menschheit erklärt. Besonders typisch sind auch die kleineren Bürgerhäuser der *judería* im Stadtteil San Antonio, die vom südlichen Abschnitt der weitgehend intakt erhaltenen Stadtmauer eingefasst werden.

Das antike Zentrum der Stadt ist die *Pl. Mayor,* umringt von alten und uralten Bauwerken: dem *Rathaus* (19. Jh.), der *Torre de Bujaco* (12./15. Jh.) und der *Iglesia de Santiago.* Ebenfalls interessant sind die *Pl. de Santa María* und die *Cuesta de la Compañía.* Die Stadtpaläste können leider nicht besichtigt werden. Einzige Ausnahme: die *Casa-Museo Árabe Jusuf al Borg (Di–So 10.30–13.30 und 16.30–19.30 Uhr, Cuesta del Marqués),* ein Privathaus mit deutlichen arabischen Anklängen. Einkaufsmöglichkeiten und Cafés finden Sie vor allem in den Straßen *C. Pintores* und *Av. de España.* Der *Parador de Cáceres (31 Zi., C. Ancha 6, Tel. 927 21 17 59, Fax 927 21 17 29, Kategorie 1)* in einem Gebäude aus dem Mittelalter ist stimmig bis ins Mobiliar: Hier wird der gehobene Preis reichlich durch Atmosphäre aufgewogen; eine gute Speisekarte führt das Haus außerdem. *Auskunft: Oficina de Turismo, Pl. Mayor 33, Tel. 927 24 63 47*

ZIELE IN DER UMGEBUNG

Guadalupe (**159/D 3**)
Der 2300-Seelen-Ort gut 100 km östlich, umgeben von Obstplantagen und Pinien- und Kastanienwäldern, wurde durch die Marienstatue der Virgen de Guadalupe bekannt. Zu sehen sind die Statue und andere Kunstschätze religiösen Charakters im *Real Monasterio de Nuestra Señora de Guadalupe.* Hier können Sie auch gleich Quartier beziehen in der *Hospedería del Real Monasterio (Pl. de Juan Carlos I, Tel. 927 36 70 00, Fax 927 36 71 77, Kategorie 3):* 47 Zimmer von sehr unterschiedlicher Qualität und Größe, angeschlossen an das Franziskanerkloster, teilweise mit antikem Mobiliar – ein Erlebnis. Deftig isst man z.B. Lammschulter bei berauschender Aussicht im *Mesón del Cordero (C. Alfonso Onceno 27, Tel. 927 36 71 31, Kategorie 3).*

Plasencia (**158/C 2**)
Ökonomischer Schwerpunkt im Norden von Extremadura (36 200 Ew.) mit ökologischen Reizen: Der *Parque de la Isla* in einer Gabelung des Río Jerte ist Naturpark. Handgearbeitete Töpferwaren gibt es bei *Gregorio García (Ronda del Salvador 49);* Schmuck aus eigener Fertigung verkauft *Vicente Martín Sánchez (C. Tesito 7). Auskunft: Oficina del Turismo, Pl. de la Catedral, Tel. 927 42 38 43, Fax 927 42 27 60*

Trujillo **(158/C 3)**
Im 14. Jh. einer der Sammelpunkte für Glücksritter, die in die neue Welt aufbrachen, im 20. Jh. ein wichtiges Agrarzentrum (10000 Ew.). Unbedingt ansehen: die von Monumentalbauten umgebene *Pl. Mayor,* das Altstadtviertel *La Judería* und die *Araberfestung* aus dem 10. Jh. Bescheiden, aber absolut zentral und mit angeschlossenem Speisesaal nächtigt man im *Mesón La Cadena (8 Zi., Pl. Mayor 8, Tel. 927 32 14 63, Kategorie 3). Auskunft: Oficina de Turismo, Pl. España, Tel. 927 31 06 53*

CIUDAD RODRIGO

(158/C 2) Über Jahrhunderte diente Ciudad Rodrigo, nur knapp 30 km von der portugiesischen Grenze entfernt, als Bastion gegen Okkupationsgelüste der westlichen Nachbarn. Heute ist das Städtchen (16 000 Ew.) friedlich und verschlafen. Ihren Namen verdankt die Stadt am Ostufer des Flusses Agueda dem Conde Rodrigo González. Er eroberte »seine« Stadt im 11. Jh. von den Arabern zurück und erhielt sie zum Dank als Lehen. Ein Jahrhundert später wurden die Stadtmauern besonders an der Nord- und der Westflanke auf den Resten römischer Befestigungen errichtet und ständig weiter vervollkommnet.

Besuchenswert ist die romanische *Kathedrale* (ab 1179) am Ortseingang. *Las Murallas,* die Stadtbefestigungen, sind über eine Reihe von Treppen zugänglich; rund 2200 m lang und bis zu 13 m hoch, umringen sie die gesamte Altstadt. Die *Pl. Mayor* und der alte Stadtkern um den Hauptplatz herum gehören zu den Höhepunkten im Programm. Sowohl das Rathaus wie auch das Postamt sind in Palästen aus dem 15. bzw. 16. Jh. untergebracht. Eine ganze Reihe von Tapabars finden Sie im Zentrum in der *C. Colada.* Ausgezeichnete kleine Mahlzeiten bietet das *Estoril (C. Talavera 1, Tel. 923 46 05 50, Kategorie 2–3).* Probieren Sie das *revuelto de setas y gambas,* ein Rührei mit Pilzen und Krabben! Übernachten kann man preiswert, aber nicht unkomfortabel und gleich im Zentrum der Stadt im *Conde Rodrigo I (35 Zi., Pl. San Salvador 9, Tel. 923 46 14 04, Fax 923 46 14 08, Kategorie 3).* Südlich von Ciudad Rodrigo hebt sich die kompakte Silhouette der Burg Alcázar ab, die König Enrique II von Kastilien zwischen 1334 und 1379 bauen ließ. Heute dient sie als *Parador (27 Zi., Pl. del Castillo 1, Tel. 923 46 01 50, Fax 923 46 04 04, Kategorie 1). Auskunft: Oficina de Turismo, Arco de las Amayuelas 6, Tel. 923 46 05 61*

ZIEL IN DER UMGEBUNG

Sierra de la Peña de Francia **(158/C 2, 159/D 2)**
Nach der Weite der kastilischen Meseta bringen diese grünen Bergzüge südöstlich von Ciudad Rodrigo willkommene Abwechslung. An der C 515 Richtung Osten liegt das Jagdschutzgebiet *Valle de las Batuecas* mit einer Reihe verträumter Bergdörfer, zum Beispiel *El Maíllo* mit dem oberhalb gelegenen *Convento de Nuestra Señora de la Peña de Francia.* Von hier aus genießt man einen herrlichen Panoramablick über Waldgebiete und Olivenhaine, und hier, im

Kloster, kann auch nach einer Übernachtungsmöglichkeit gefragt werden. Weitere schöne Ortschaften sind *San Martín del Castañar, El Cabaco* und das eigenwillige *La Alberca* (1050 m, 1120 Ew.), eines der Bilderbuchdörfer Spaniens mit typischen Häusern und bunten Blumenkästen. Ein schlichtes Natursteinhotel im Grünen, verbunden mit einem einfachen Restaurant, ist *Las Batuecas (38 Zi., Av. de las Batuecas 6, Tel. 923 41 51 88, Fax 923 41 50 55, Kategorie 3).*

CUENCA

(159/F3) Der Ort (45 000 Ew.) zählt zu den ärmsten Flecken Spaniens, und besonders die imposante Altstadt kann die Spuren der Verwahrlosung nicht verleugnen. Mehr als eines der berühmten *casas colgadas,* der bis zu zehn Stockwerke hohen Häuser, die im Stadtteil San Martín über dem schroffen Abgrund der Hoz del Huécar »hängen«, waren vom Verfall bedroht. Dass es auch heute noch lukrative Verwendungszwecke für diese Häuserzeile gibt, die ab dem 15. Jh. errichtet wurde, beweist z. B. die *Posada de San José:* Hier gibt es kein Telefon, keinen Fernseher und keine Minibar auf dem Zimmer, und trotzdem (oder deshalb) ist das Hotel als wohl originellste Unterkunft Cuencas nur zu empfehlen *(30 Zi., C. Julián Romero 4, Tel. 969 21 13 00, Fax 969 23 03 65, Kategorie 2).* Ein weiteres Beispiel ist das *Museo de Arte Abstracto Español,* ebenfalls untergebracht in einer der *casas colgadas:* spanische abstrakte Kunst von Tàpies bis Chillida *(Di–Fr 11–14 und 16–18, Sa 11–14 und 16–20, So 11–14 Uhr).*

Sehenswert ist auch die sich anschließende Altstadt um die Plaza Mayor mit der gedrungenen *Kathedrale.* Die gusseiserne Konstruktion des *Puente San Pablo,* der hängenden Brücke, verschafft einen hervorragenden Panoramablick über weite Teile der Stadt.

Tapas können Sie um die *Pl. Mayor* herum probieren, z. B. im *La Trinja,* oder in der *C. de San Francisco,* z. B. im *La Ponderosa,* im *El Churrasco* oder *Fidel.* Nightlife vor allem für die Jüngeren gibt es in der *C. Doctor Galíndez,* z. B. im *La Calle,* im *Peatonal* oder im *El Bus.*

Die Aussicht ist spitze, das Essen leider nur durchschnittlich im *Mesón Casas Colgadas (C. Canónigos, Tel. 969 22 35 09, Kategorie 1–2). Auskunft: Pl. Mayor, Tel. 969 23 21 19, Fax 969 23 53 56*

ZIEL IN DER UMGEBUNG

Ciudad Encantada **(159/F 3)**
Ein Ausflug führt in das Naturschutzgebiet Ciudad Encantada (etwa 30 km nördlich), wo Wind und Regen in den Jahrtausenden die Umrisse einer verwunschenen Stadt in den weichen Kalkstein gegraben haben.

LEÓN

(156/C 3–4) Knapp 140 000 Ew. zählt heute die Provinzhauptstadt, die um das Jahr 70 n. Chr. von der siebten römischen Legion gegründet wurde. Ab 914 bildete sie das Zentrum des Königreichs León und einen der ganz wichtigen Knotenpunkte auf dem Jakobs-Pilgerweg. Die Stadt der gut erhaltenen Kulturdenkmäler liegt am Schnittpunkt der

Flüsse Bernesga und Torío an der Südflanke des Kantabrischen Gebirgszugs. Abends, am Wochenende auch mittags, beleben sich die Tapabars um die zentrale *Pl. San Martín.* Samstags gibt es einen bunten *Markt* auf der *Pl. Mayor.*

BESICHTIGUNGEN

Basílica de San Isidoro

Nördlich vom Stadtkern liegt die Pl. de San Isidoro, die von der Kirche gleichen Namens beherrscht wird. Die Basilika (ab 1056) birgt neben dem Grab des heiligen Isidoro de Sevilla einen Domschatz und eine umfangreiche, kostbare Bibliothek. Bemerkenswert auch die Deckengemälde im Vorbau, dem *Panteón de los Reyes,* die der Kirche den Ruf einer »romanischen Sixtinischen Kapelle« eingetragen haben. Im Schatten des Doms schließt sich der am besten erhaltene Teil der römischen Stadtmauer an. *Pl. de San Isidoro*

Catedral de Santa María de la Regla

Über die verkehrsreiche Av. de Ordoño II/Generalísimo Franco kommt man zur Kathedrale aus dem 13.–15. Jh., der lichtreichsten ganz Spaniens, wie die Leoneser stolz behaupten. Die filigranen Buntglasfenster, mehr als 120 (plus 57 Rosetten) sollen es sein, mit Höhen von bis zu 12 m und einer Gesamtfläche von über 1800 m^2, sind es, die das Licht so üppig in die Kirche fließen lassen.

Pl. del Mercado

Ausgangspunkt für die Eroberung der Stadt ist dieser romantische Marktplatz, an dem sich alles um den barocken Springbrunnen *Fuente de Neptún* dreht. Am Ende der Av. de la Independencia schließt sich die belebte *Pl. de Santo Domingo* an. Hier erinnert ein Jugendstilgebäude von der Hand Antoni Gaudís, die *Casa de Botines,* mit vier grazilen Türmen an ein verwunschenes Schlösschen. Unweit auch das alte *Rathaus* (1588 – es gibt auch ein neues an der Pl. Mayor) und der *Palacio de los Guzmanes* (16. Jh., Patio zu besichtigen).

MUSEEN

Museo Diocesano de Arte Sacro

Gegenüber der Kathedrale, untergebracht im Bischofspalast, das Diözesanmuseum mit einer bedeutenden Sammlung sakraler Skulpturen und Malereien aus zehn Jahrhunderten. *Mo–Sa 9.30 bis 13 (Winter 10–13) und Mo–Fr 16–19 Uhr, Pl. de la Regla*

Museo de León

Rund 1 km vom Stadtzentrum, am Ufer des Río Bernesga, liegt das mächtige Bauwerk *Convento de San Marcos.* Einst gewährte es den Jakobspilgern Unterkunft, heute dient es teils als modernes Luxushotel, teils als archäologisches Museum. Hier sind vor allem Funde aus der spanischen Prähistorie und der römischen und arabischen Besatzung ausgestellt. *Di–So 10–14 und Di–Sa 16.30–20.30 Uhr, Pl. de San Marcos*

RESTAURANT/CAFÉ

El Bodegón

Etwas außerhalb, in einem alten Kellergewölbe, wird beste Leoneser Küche serviert. *Pareja de Santa Catalina, Carretera de Benavente, km 13, Tel. 987 30 37 35, Kategorie 3*

Café Victoria
Stilvoll Kaffee trinken oder frühstücken in einem Café mit 100-jähriger Tradition. *C. Generalísimo Franco 25*

ÜBERNACHTUNG

Quindós
Nahe der Pl. de San Marcos, aufmerksamer Service und gutes Restaurant. *96 Zi., Av. José Antonio 24, Tel. 987 23 62 00, Fax 987 24 22 01, Kategorie 2*

AUSKUNFT

Oficina de Turismo
Pl. de la Regla 4, Tel. 987 23 70 82, Fax 987 27 33 91

ZIEL IN DER UMGEBUNG

Monasterio de San Miguel de la Escalada **(156/C 4)**
Über 1000 Jahre christlich-maurische Geschichte spiegelt dieses Kloster wider. Ungewöhnlich die Bauweise: Die drei Kirchenschiffe werden von einem Holzdach gedeckt. *Etwa 27 km auf der N 601 Richtung Südosten*

MÉRIDA

(158/C 3) Als administratives, kommerzielles und kulturelles Zentrum von Extremadura macht das relativ kleine Mérida (52 000 Ew.) dem weit größeren Badajoz den Rang streitig. Die Landesmetropole kann auf eine über 2000-jährige Geschichte zurückblicken, wie eine Vielzahl von antiken Bauwerken bezeugt. Unbedingt ansehen: das *Museo Nacional de Arte Romano,* nicht nur auf Grund der Funde aus der Zeit der römischen Besetzung, sondern auch architektonisch ein Erlebnis *(Di–So 10–14 und Di–Sa 16–18, Sommer 17–19 Uhr, C. José Ramón Mélida).* Das *Museo de Arte Visigodo* ist untergebracht im Kloster *Antiguo Convento de Santa Clara (gleiche Öffnungszeiten, C.*

Kulturelles Zentrum von Extremadura: Mérida mit römischem Theater

Santa Julia). Für den Besuch der wirklich interessanten Monumente der Stadt – *Teatro Romano, Anfiteatro* und *Casa Teatro* sowie die außerhalb gelegene *Casa del Mitreo (C. Oviedo, Nähe Pl. de Toros)* mit einem einmaligen Mosaik, *Castillo Árabe* mit arabischen und römischen Funden und die *Basílica de Santa Eulalia (Av. de Extremadura)* – gilt die gleiche Eintrittskarte *(alle Mo–Sa 10–13.45 und 16–18 Uhr).* Wer angenehme Bars und Cafés sucht, in denen auch viele Einheimische anzutreffen sind, findet diese rund um die *Pl. España.* Von dort aus kann man auch gleich einen Bummel durch die Fußgängerzone *C. Santa Eulalia* und die anschließende *C. Cervantes* unternehmen. Der Bau des *Hotels Emperatriz (40 Zi., Pl. de España 19, Tel. 924 31 31 11, Fax 924 30 03 76, Kategorie 2)* im Stadtzentrum stammt aus dem 16. Jh., die Einrichtung ist einfach, die Zimmer sind unregelmäßig geschnitten. Eine Bar im Erdgeschoss steht nicht nur Hotelgästen offen. *Auskunft: Oficina de Turismo, C. Pedro María Plano, Tel. 924 31 53 53*

ZIEL IN DER UMGEBUNG

Alange **(158/C 3–4)**
Im Zentrum von Extremadura ist der kleine Ort vor allem für sein *Balneario* bekannt. Die Heilquellen werden zur Therapie von Nerven-, Herz- und Kreislaufleiden sowie bei Arthritis eingesetzt. Ein großer, ruhiger Kurgarten ist vorhanden, auch kürzere »Probekuren« (März bis Nov.) sind möglich. Übernachtung im schlichten, aber sauberen Hostal *Juan de Dios (22 Zi., C. José Antonio 36, Tel. 924 36 64 23, Kategorie 3)* oder, mit etwas mehr Komfort, im *Hotel Macías (Av. de Juan Carlos I 51, Tel. 924 36 64 11, Kategorie 2–3).*

PALENCIA

(159/E 1) Palencia (78 000 Ew.), das sind die sanften Ockertöne vieler alter Gebäude, die mit dem Goldgelb der weiten Getreidefelder harmonieren. Die Meseta ist die ergiebige Kornkammer Spaniens. Palencia steht für besinnliche Ruhe, aber auch zunehmend für Einsamkeit: Immer mehr junge Bewohner fliehen die stille Weite, um im Getümmel der Großstädte ihr Glück zu machen. Die Stadt erinnert heute eher an ein großes Dorf mit einer fast schon sprichwörtlichen friedfertigen Markttagsatmosphäre.

Die *Kathedrale,* bereits unter den Westgoten begonnen (unbedingt ansehen die Krypta, 7. Jh., sowie das Kirchenmuseum, *Museo Catedralicio)* und romanisch vollendet, zählt zu den unbekannteren Monumentalwerken Zentralspaniens *(tgl. 9.30–13.30 und Mo–Sa 16–18.30 Uhr, Zugang zu Krypta und Museum auf Anfrage).* Ebenfalls sehenswert: die *Iglesia de San Miguel* aus dem 13. Jh. *(tgl. 9.30–13.30 Uhr, Pl. de San Miguel)* und in der ca. 10 km entfernten Ortschaft *Baños de Cerrato* die westgotische *Basílica de San Juan de Baños* aus dem Jahre 661 *(Di–So 9 bis 13 und 17–19 Uhr).*

Um wirklich gut zu essen fährt man gut 30 km nördlich nach *Villalcázar de Sirga.* Dort werden im *Mesón Villasirga* kastilische Köstlichkeiten wie Spanferkel oder Gemüseeintöpfe serviert *(Pl. Mayor, Tel. 979 88 80 22, Kategorie 2).*

Unter den Unterkünften in Palencia sticht das gemütliche und gut ausgestattete (Pool, Tennis), moderne *Rey Sancho de Castilla* hervor *(98 Zi., Av. Ponce de León, Tel. 979 72 53 00, Fax 979 71 03 34, Kategorie 2). Auskunft: C. Mayor 105, Tel. 979 74 00 68, Fax 979 70 08 22*

ZIELE IN DER UMGEBUNG

Ampudia **(159/E 1)**
Ein Kurzausflug kann in das 900-Seelen-Dorf Ampudia führen, das vor allem wegen seiner arkadenartigen Säulengänge komplett zum historisch-künstlerischen Komplex erklärt wurde.

Monte El Viejo **(159/E 1)**
Ein weiterer Ausflug führt von Palencia aus auf den Monte El Viejo (ca. 6 km), ein 1435 ha großes Fincagelände, reich an Eichen- und Steineichenhainen, das schon seit 1191 im Besitz der Stadt ist und heute mit Schwimmbad, Wander- und Radwegen aufwartet.

SALAMANCA

(159/D 2) Als Stadt der Künste und des Geistes ist Salamanca in ganz Spanien ein Begriff. Hier konzentrieren sich eine Vielzahl von Baudenkmälern am Nordufer des Río Tormes. Kein Wunder, denn die Ursprünge der 167 000 Ew. zählenden Stadt reichen über 23 Jahrhunderte zurück: Erstmalige Erwähnung findet Salamanca durch die Eroberung Hannibals im 3. Jh. v. Chr. Unter römischer Besetzung erlebte die Stadt eine erste Blütezeit. Mit dem Einfall der Mauren in Salamanca (712) wurden weite Teile der historischen Stadt zerstört. Die Rückeroberung gelang Alfonso VI erst im Jahre 1085 im Rahmen eines Feldzuges, der die Grenzen des christlichen Königreichs bis nach Toledo in den Süden verlagerte. 1218 wurde die weltberühmte Universidad de Salamanca gegründet. Damals genoss das Institut ein ebenso großes Ansehen wie etwa die Universität von Paris. Zu ihren Glanzzeiten im 16. Jh. lebten und lernten bis zu 12 000 Studenten in der Stadt.

BESICHTIGUNGEN

Casa de las Conchas
Einen Altstadtbummel durch die romantischen Gassen westlich der Pl. Mayor sollten Sie auf keinen Fall versäumen *(Pl. San Benito, Palacio de Monterrey, Casa de las Muertes, Convento de las Úrsulas, Pl. de los Bandos).* Der mit 365 steinernen Muscheln geschmückte Palast Casa de las Conchas dient nach einer Restaurationskur heute als Bibliothek. *Rúa Mayor*

Catedral Nueva/Catedral Vieja
Das geistige und geistliche Zentrum Salamancas erreichen Sie von der Pl. Mayor aus über die Rúa Mayor. Am Südende beherrscht die Catedral Nueva (Bauzeit 1513–1560) majestätisch die *Pl. Anaya.* Im Schatten der großen gotischen Kathedrale versteckt sich das interessantere zweite Bauwerk, die Catedral Vieja aus dem 12. Jh.: rein romanisch, mit einem enormen Altargemälde von Nicolás Florentino (1445). Die Besichtigung beider Bauwerke lohnt sich. *Neue Kathedrale (Eingang im rechten Seitenschiff) tgl. 10–14 und 16–20 Uhr; Alte Kathedrale tgl. 10–13.30 und 16–19.30 Uhr*

Salamancas Studenten können auf Spaniens schönster Plaza Mayor Pause machen

Pl. Mayor
Von Fußgängerpassagen umgeben und von unzähligen Stuhlreihen der Cafés besetzt: Salamancas Pl. Mayor gilt als der harmonischste und schönste Hauptplatz ganz Spaniens. Felipe V gab das barocke Kunstwerk 1729 in Auftrag, um die Stadtväter für ihre Treue zu belohnen. Noch heute tagt an der Nordseite unverdrossen der Stadtrat.

Puente Romano
Die ältesten erhaltenen Reste der Stadt finden Sie am Río Tormes: Die römische Brücke überspannt 400 m weit den Fluss. Von den insgesamt 26 Brückenbögen sind immerhin noch 15 Originale aus dem 1. und 2. Jh. erhalten. Auch Teile der römischen Stadtmauer sind zu sehen.

Universidad de Salamanca
Der gradlinige *Patio de las Escuelas* (1428) wird umrahmt von mehreren Bauwerken. Da ist zum einen das *Hospital del Estudio* aus dem Jahre 1533, in dem heute ein Museum untergebracht ist, da sind zum anderen die *Escuelas Menores* (auf die Deckengemälde achten!) und eine umfangreiche *Bibliothek*. Auf der gegenüberliegenden Seite des Platzes gibt die Hauptfassade der Universität ein gutes Beispiel der filigranen, ornamentorientierten Baukunst, die als *arte plateresco* bekannt werden sollte. *Mo–Sa 9.30–13.30 und 16–19 Uhr, So 10–13 Uhr, C. de los Libreros*

MUSEEN

Museo de Salamanca
Früher wurden im Hospital del Estudio kranke Studenten ohne eigene Mittel gepflegt, heute werden hier Kunstwerke und archäologische Funde ausgestellt. *Di–Fr 10–14 und 16.30–19.30 Uhr, Sa und So 10–14 Uhr, Patio de las Escuelas Menores*

Museo Taurino
Nicht die umfassendste Ausstellung zum Thema Stierkampf, aber eines der interessantesten Museen seiner Art. *Di–Fr 18 bis 21 Uhr, Sa 12–14 und 18–21 Uhr, So 12–14 Uhr, C. Dr. Piñuela*

RESTAURANTS

La Posada
Landestypische Kost im Kreise der Stadtbewohner und nicht weit von der Pl. Mayor. Spezialität: Wildgerichte. *C. del Aire 1, Tel. 923 21 72 51, Kategorie 2*

Río de la Plata
Kleines, aber feines Restaurant, Karte mit ausgesuchten Gerich-

ten und umfangreiche Weinkarte. *Pl. del Peso 1, Tel. 923 21 90 05, Kategorie 2*

EINKAUFEN

Lederstiefel gibt es bei *Jesús Múñoz (Pl. San Juan Bautista 6)*, Ledermoden nach traditionellem Zuschnitt im *Salón Campero (Pl. Corrillo 5)*. Klassische iberische Musikinstrumente verkauft *Manuel Pérez (C. Navasfrías 2)*. Eine große Auswahl an Wurst, Schinken und Käse bietet die *Salchichería Iglesias (Pl. del Mercado 8)*.

ÜBERNACHTUNG

Castellano III
Hotel mit dem besten Preis-Leistungs-Verhältnis, direkt im Zentrum von Salamanca nahe der Pl. España. *73 Zi., C. San Francisco Javier 2–4, Tel. 923 26 16 11, Fax 923 26 67 41, Kategorie 1*

AM ABEND

Bei einem abendlichen Altstadtbummel zwischen Pl. San Julián und C. Bermejeros findet man eine ganze Reihe von Bodegas, Bars und Cafés mit einem beeindruckenden Angebot an Weinen und Tapas. Zwei Evergreens an der belebten *Pl. Mayor: Café Novelty* oder *Las Torres*. Treffpunkt vor allem junger Leute sind Bars wie *Jaco's* oder *La Iguana* in den schmalen Gassen zwischen Gran Vía und Pl. Mayor oder das *Central Park (C. Prior)*.

AUSKUNFT

Oficina de Turismo
Casa de las Conchas, Rúa Mayor, Tel. 923 26 85 71, Fax 923 26 24 92

ZIELE IN DER UMGEBUNG

Alba de Tormes **(159/D 2)**
4500 Ew. und 18 Kirchen: Das Städtchen im Südosten war einer der wichtigen Wallfahrtsorte des Mittelalters. Hier werden auch Keramikarbeiten und Töpferwaren hergestellt. Man kauft sie z. B. bei *Bernardo Pérez (Carretera Peñaranda 17)*.

Béjar **(159/D 2)**
Bekannt für seine Monumente, für eine Textilindustrie, deren Wurzeln fast sieben Jahrhunderte zurückreichen, und für die Landschaft, die diesen Ort (17 000 Ew.) umgibt. Unbedingt ansehen sollten Sie den *Palacio Ducal* und die restaurierte *Pl. Mayor*. Teile der intakten Stadtmauer können begangen werden. Ruhig und direkt im Zentrum liegt das großenteils renovierte *Hotel Colón (69 Zi., C. Colón 42, Tel./Fax 923 40 06 50, Kategorie 2)*.

Ledesma **(159/D 1)**
Eine typisch kastilische Ortschaft Richtung Nordwesten ist die 1000-Seelen-Gemeinde mit intakter Stadtmauer und römischen Bädern.

SEGOVIA

(162/C 1) ★ »Eine der schönsten Städte Kastiliens«, schwärmen betuchte Schlemmer aus Madrid und Umgebung, die Segovia vorzugsweise am Wochenende scharenweise heimsuchen. Mit Recht – doch die 53 000-Ew.-Stadt an der nördlichen Flanke der Sierra de Guadarrama bietet nicht nur kulinarische Höhepunkte. Die römischen Besatzer schätzten die strategische Lage des damaligen

Segovias Bilderbuch-Altstadt thront in 1000 m Höhe am Hang der Sierra

Militärstützpunktes: 1000 m Höhe, flankengeschützt eingebettet zwischen den Flüsschen Río Eresma und Clamores. Arbeitsplätze schufen später die Araber: Sie entwickelten eine rege Textilverarbeitung rund um den Rohstoff Wolle, die den Bewohnern Segovias auch nach der Vertreibung der Mauren noch jahrhundertelang Wohlstand bescherte. Die vorindustriellen Glanzzeiten fielen erst gegen Ende des 16. Jhs. einer landesweiten Rezession zum Opfer. Heute hat sich in Segovia ein lebhaftes Tourismusgewerbe etabliert.

BESICHTIGUNGEN

Acueducto Romano

Das Wahrzeichen der Stadt, von der Unesco zum kulturellen Erbe der Menschheit erklärt, überspannt am südöstlichen Ende der Stadtmauer ein flaches Tal und garantierte bis vor wenigen Jahren frisches Wasser aus den Bergen. Der römische Aquädukt – 728 m überbrückend, bis zu 28 m hoch, zweigeschossig, mit 167 intakten Bögen – führt über 14 km tief in die Berge. Heute werden weite Teile der antiken Wasserleitung restauriert.

Alcázar

Magisch werden Tausende von Urlaubern vom sagenhaften Ruhm der gewaltigen Festung angezogen, die im pinienbestandenen Westen nahtlos aus der Stadtmauer wächst. Der ursprüngliche Bau aus dem 12. Jh. wurde im 14.–16. Jh. immer wieder den Wünschen seiner Bewohner, kastilischer Könige, die Segovia zeitweise zum Regierungssitz erhoben, angepasst. Neuerdings ergreifen ambulante Händler von ihr und ihren Besuchern Besitz. *Sommer tgl. 10–19, Winter 10–18 Uhr*

Altstadt

Zwischen Aquädukt im Osten und Alcázar im Westen breitet sich eine Altstadt wie aus dem

Bilderbuch aus: die verkehrsberuhigte *C. de Cervantes* mit dem »stacheligen« Backsteinbau (15. Jh.) *Casa de los Picos,* die sich anschließende *C. Juan Bravo* mit ansehnlichen *Herrenhäusern* etwa des Grafen von Apuente (15. Jh.) oder der Familie Juan Bravo (15. Jh.), die romanische Kirche *San Martín* (12. Jh.) sowie das Administrations- und Geschäftszentrum der Stadt um die Pl. Mayor und C. Real. Der *Palast des Marqués de Arco* verbirgt hinter einer schlichten Fassade einen eindrucksvollen Innenhof.

Catedral
Wegen ihrer eleganten Linienführung zur »Dame« unter Spaniens großen Gotteshäusern gekürt, verdient die Kathedrale (1525–1577) allein schon deshalb Interesse, weil sie den Endpunkt der gotischen Baukunst in Spanien repräsentiert. *Diözesanmuseum und Kreuzgang Sommer tgl. 9–19 Uhr, Winter 9–18 Uhr, Pl. Mayor*

Judería
Unter den Reyes Católicos wurden ab 1481 die jüdischen Bewohner der Stadt in zwei Ghettos konzentriert. Heute findet man viele der einfachen Ziegelbauten und fünf Synagogen in den Altstadtteilen nördlich der Kathedrale.

Paseo Cuesta de los Hoyos
Vor den Toren der Stadt lädt der Paseo Cuesta de los Hoyos ein, den hier noch jungen Fluss Clamores ein Stück Weges zu begleiten, und lässt gleichzeitig einen besonders schönen Blick auf die Stadtmauer (ursprünglich römisch, wieder erbaut im 11. Jh.) zu.

RESTAURANTS

Mesón José María
Direkt ins Allerheiligste der kulinarischen Klassiker Kastiliens führt dieses Restaurant mit einer traditionellen Fleischküche, in der man sich neuerdings aber auch auf den Trend »light« einstellt. *C. Cronista Lecea 11, Tel. 921 46 11 11, Kategorie 2*

La Oficina
Neben Wildgerichten serviert man auch ein günstiges Menü. *C. Cronista Lecea 10, Tel. 921 46 02 83, Kategorie 2–3*

Parador de Segovia
Aussicht, Ambiente und eine umfangreiche Karte vor allem mit Fleischgerichten kombiniert der Parador von Segovia zu einem Erlebnis. *Carretera de Valladolid, Tel. 921 44 37 37, Kategorie 2*

EINKAUFEN

Lederwaren, Glas und Keramik finden Sie in großer Auswahl bei *Objetos Perdidos (C. Escuderos 14),* Keramikarbeiten bei *Rafael Lorenzo Tardón (C. Obispo Losana 1).*

ÜBERNACHTUNG

Hotel Acueducto
Seit vielen Jahren bekannt, Service und Ausstattung seiner Klasse entsprechend, günstig im Zentrum zu Füßen des Aquädukts gelegen. *78 Zi., Av. Padre Claret 10, Tel. 921 42 48 00, Fax 921 43 71 61, Kategorie 1–2*

AM ABEND

Abends durchstreift man die Gegend um die *Pl. Mayor* nach einer

Bar, zu später Stunde verlagert sich das Nachtleben an die Terrassenbars an der *Pl. San Martín.*

AUSKUNFT

Oficina de Turismo
Pl. Mayor 10, Tel. 921 46 03 34, Fax 921 46 03 30

ZIELE IN DER UMGEBUNG

Castillo de Coca **(158/E 2)**
Aus einer Reihe von Burgen, die Segovia wie einen Ring umgeben (u.a. *Castillo de Turégano, Castillo de Pedraza, Castillo de Cuéllar*), hebt sich das 50 km nordwestlich gelegene Castillo de Coca hervor. In den frühen Abendstunden spielt das Licht mit den rötlichen Farben und geometrischen Formen des Bauwerks, das Ende des 15. Jhs. von arabischen Architekten geplant und ganz aus Backstein gebaut wurde. Eine dort untergebrachte Agrarschule stört den lohnenden Besuch nicht. Die Ortschaft Coca geht wahrscheinlich auf keltiberische Ursprünge zurück. Im Zentrum an der *Pl. Mayor* gibt es eine Töpferwerkstatt. *Castillo de Coca April–Juni Mo–Fr 10.30–13.30 und 16.30 bis 19 Uhr, Juli–Sept. tgl. 10.30–13.30 und 16.30–20 Uhr, Okt.–März tgl. 11–13.30 und 16.30–18 Uhr*

La Granja de San Ildefonso **(162/C 1)**
Hier erfüllte sich Felipe V einen Kindheitstraum: Das Schloss 10 km südöstlich von Segovia ist Versailles nachempfunden. Das Bauwerk von 1720 und seine ca. 145 ha große, herrliche Parkanlage mit 26 Fontänen und unzähligen Skulpturen können besucht werden. Angeschlossen ist ein Museum für Wandbehänge. *Juli bis Sept. Di–So 10–18 Uhr, Okt. bis Juni Di–Sa 10–13.30 und 15 bis 17 Uhr, So 10–14 Uhr*

Komplett aus Backstein und vielfältig geometrisch gegliedert: Castillo de Coca

Riofrío **(162/B 1)**
12 km südwestlich von Segovia wurde der schlichtere *Palacio de Riofrío* 1754 von Königin Isabel de Farnese in Auftrag gegeben. Er beherbergt heute das nationale Jagdmuseum. *Nur Juli–Sept. Di–So 10–18 Uhr*

TOLEDO

(162/C 6) ★ Besonders viele Spanier und Japaner suchen die knapp 58 000 Ew. zählende Stadt heim. So massiv wird an kaum einem anderen Ort der Iberischen Halbinsel Falsches für echt verkauft. Deshalb sollte der erste Weg ins Informationsbüro am Stadttor Puerta de Bisagra führen, das – um die Unsitten wissend – entsprechende Informationen bereithält. So gewappnet, kann Toledo dann allerdings zum Traumbesuch werden: Die von der Unesco geschützte Altstadt gehört zu den Highlights einer Spanien-Reise.

Eingebettet in eine Schleife des Flusses Tajo, zählte Toledo über Jahrhunderte zu den geistigen und kulturellen Zentren Spaniens. Drei Einflüsse – jüdische Einwanderer, maurische Besatzer und christliche Rückeroberer – drückten dem Stadtbild und dem Lebensgefühl der Bewohner nachhaltig ihren Stempel auf. Und so schufen auch gerade die islamisierten Iberer nach der Vertreibung der Araber jenen unverwechselbaren Mischstil, der die Bau- und Handwerkskunst Toledos in aller Welt bekannt machte. Schwerter, Messer, Schilde, Rüstungen, Schmuck und Geschenkartikel fertigen und verzieren die Nachfahren heute noch nach überlieferten Mustern.

BESICHTIGUNGEN

Alcázar
Im Osten der Altstadt, unweit des Río Tajo, hebt sich das mächtige Rechteck der Festung vom Rest der Altstadt ab. Zuerst errichtet im 11. Jh., wurde der Alcázar immer wieder zerstört – zum bisher letzten Mal im Spanischen Bürgerkrieg 1936 – und anschließend wieder aufgebaut. *Di–So 9.30–14.30 Uhr*

Carretera de Circunvalación
Ein lohnender Abstecher über die etwa 3,5 km lange Ringstraße am südlichen Flussufer mit mehreren ausgeschilderten Aussichtspunkten präsentiert Toledo von seiner weiß schimmernden Sonnenseite und gibt einen ersten Eindruck von der fast erdrückenden Vielzahl an Sehenswertem.

Catedral
1226 von Fernando III begonnen und erst rund 250 Jahre später fertig gestellt, verbindet die Kathedrale von Toledo die Strenge einer christlichen Institution mit den Annehmlichkeiten eines königlichen Palastes. Angeschlossen ist ein interessantes Museum, das *Museo Catedralicio*. Unbedingt ansehen sollten Sie die verschiedenen, jeweils reich geschmückten *Eingangstore*, den *Kreuzgang* und die *Capilla Mayor. Mo–Sa 10.30 bis 12 und 16–18.30, So 14–18.30 Uhr, Pl. del Ayuntamiento*

Sinagoga de Santa María la Blanca
Ursprünglich eine Synagoge aus dem 13. Jh., die aus fünf Einzelschiffen besteht. Ab 1405 wurde das Bauwerk in ein christliches

Gotteshaus umgewandelt. *Tgl. 10–14 und 15.30–19 (Winter bis 18) Uhr, C. Reyes Católicos 2*

MUSEEN

Museo de Arte Contemporáneo
Künstler des 20. Jhs., ausgestellt in einem Haus aus dem 16. Jh. Die Schau gibt einen guten Überblick über die zeitgenössische Kunst in Spanien; Gemälde und Skulpturen. *Di–So 10–14 und Di–Sa 16–18.30 Uhr, C. Bulas 15*

Museo de los Concilios y de Cultura Visigoda
Die Wände der Kirche San Román sind reich geschmückt mit Wandgemälden. Ausgestellt sind auch Funde aus der Zeit gotischer und römischer Besiedlung. *Di–So 10–14 und Di–Sa 16 bis 18.30 Uhr, C. San Clemente 4*

Museo El Greco
Hier hat er gelebt und gearbeitet. Monografisches Museum zum Meistermaler. *Di–So 10–14 und Di–Sa 16–18 Uhr, C. Samuel Leví 3*

Museo de Santa Cruz
Gut bestücktes Kunstmuseum mit einer facettenreichen Ausstellung von Gemälden vor allem aus dem 16. und 17. Jh. Zu den Glanzstücken zählen 18 Werke des einst in Toledo lebenden Malers El Greco im Obergeschoss. *Di–Sa 10–18.30 Uhr, So 10–14 Uhr, Mo 10–14 und 16.30–18.30 Uhr, C. Miguel de Cervantes 3*

RESTAURANTS

Aurelio
Durch seine drei Lokale fällt Aurelio an der *Pl. del Ayuntamiento* und der anliegenden *C. Sinagoga* auf. Eines der Restaurants, so versichert der Besitzer, sei immer geöffnet. *Alle Kategorie 1–2*

La Lumbre
Das Auge darf hier mitessen: Das Lokal ist geschmackvoll dekoriert. Vor allem eine Empfehlung für Freunde von Fleischgerichten und herzhaften Pasteten (z. B. nach Zwiebelkuchen, *tarta de cebolla,* fragen!). *C. Real del Arrabal 3, Tel. 925 22 03 73, Kategorie 2*

EINKAUFEN

Jedes Jahr im Oktober wird eine interessante Kunsthandwerkermesse im ehemaligen *Hospital de Tavera (Vega Alta)* veranstaltet. Ton- und Töpferwaren gibt es bei *José Aguado (C. San Juan de los Reyes).* Arbeiten in Weißblech fertigt *Pedro Potenciano (C. Carmelitas Descalzas 24).* Käsespezialitäten und andere Köstlichkeiten finden Sie bei *Vianda Toledo (C. Esperanto 5).*

ÜBERNACHTUNG

La Almazara
Hier hat schon der Kardinal von Quiroza Stille und meditative Ruhe gefunden. Der Bau aus dem 16. Jh. bietet schlichte, ordentliche Zimmer, gute Luft und, von manchen Zimmern aus, den Blick auf Toledo – zu vernünftigen Preisen. *21 Zi., Landstr. Toledo–Cuerva, km 3,4, Tel. 925 22 38 66, Fax 925 25 05 62, Kategorie 2–3*

Hostal del Cardenal
Kost und Logis zu angemessenen Preisen. Untergebracht sind Restaurant und Hotel in einem ehemaligen Bischofspalast mit baumbestandenem Garten. *27 Zi., Paseo*

Recaredo 24, Tel. 925 22 08 62, Fax 925 22 29 91, Kategorie 2

AUSKUNFT

Oficina de Turismo
Puerta de Bisagra, Tel. 925 22 08 43, Fax 925 25 26 48

ZIEL IN DER UMGEBUNG

Las Ventas con Peña Aguilera **(159/E 3)**
Hinter diesem etwas umständlichen Namen verbirgt sich ein kleiner Ort 35 km südlich, in dem sich fast alles ums Leder dreht: Taschen, Mäntel, Gürtel, Koffer, Sättel – recht günstig und in großer Auswahl bei *Angel Serrano (Av. de Toledo 6)* oder gleich nebenan bei *Abel.*

VALLADOLID

(159/E 1) Das größte und modernste Industriegebiet Kastiliens umgibt einen noblen Stadtkern. Das alte Valladolid erinnert noch an die Pracht vergangener Tage, da Kastiliens Könige ihre Höfe eng mit der Stadt verflochten: Das katholische Königspaar Isabel und Fernando heiratete hier; Philipp II. wurde hier geboren und gekrönt; Philipp III. rief Valladolid erneut zur Landeshauptstadt aus, und Christoph Kolumbus trat von hier aus seine letzte Reise an.

Von all der Historie unbelastet, schlägt das junge Herz der Landeshauptstadt (331 000 Ew.) von Kastilien-León im frischen Rhythmus eines blühenden Universitäts- und Industriezentrums. Viele junge Leute und das aufgeschlossene, freundliche Wesen der Bewohner machen den Besuch zum Erlebnis.

BESICHTIGUNGEN

Casa de Colón
Das Kolumbushaus ist ein Neubau mit angeschlossenem Museum aus dem Jahre 1968, errichtet an der Stelle, an der Kolumbus 1506 starb. *Di–So 10–14 und Di–Sa 17–19 Uhr, C. de Colón*

Catedral
Bis heute wurde die Kathedrale nicht vollendet, deren Bau 1580 vom damals berühmtesten spanischen Architekten, Juan de Herrera, begonnen wurde. Gleich gegenüber sieht man die barocke Fassade des Universitätsgebäudes, dessen Inneres 1939 nach einem Brand komplett erneuert werden musste. *Kathedrale Di–Fr 10–13.30 und 16.30–19 Uhr, Sa und So 10–14 Uhr, Pl. Universidad*

Colegio de San Gregorio
Das Kolleg im Norden des Zentrums geht auf die Initiative des Beichtvaters der Königin Isabel, Alonso de Burgos, zurück. Der beeindruckende Bau wurde in der Rekordzeit von nur acht Jahren (1488–1496) erstellt. Neben seiner eigenen Pracht – filigrane Ornamente der Arkaden des Innenhofs und der Hauptfassade – beherbergt er das interessanteste Museum der Stadt, das *Museo Nacional de Escultura (Öffnungszeiten wie Colegio)* mit einem repräsentativen Querschnitt bedeutender spanischer Bildhauer. *Di–So 10 bis 14 und Di–Sa 16–18 Uhr, C. Cadenas de San Gregorio 1*

Pl. de Zorrilla
Das lebendige Zentrum und wichtiger Verkehrsknotenpunkt der Stadt. Eine große Parkanlage, der ✪ *Campo Grande,* beherbergt

das *Museo Oriental (Di–Sa 16–19, So 10–14 Uhr, Paseo de Filipinos 7),* das der philippinischen und chinesischen Kunst gewidmet ist. Unweit auch das Haus, in dem der Schriftsteller Miguel de Cervantes von 1603 bis 1606 lebte *(Casa Museo de Cervantes, Di–Sa 9.30–15.30, So 10–15 Uhr, So ab 12 Uhr Lesungen, C. Rastro 7).*

RESTAURANTS

La Fragua
Eines der besten Restaurants der Stadt mit kastilischer Küche. *Paseo de Zorrilla 10, Tel. 983 33 87 85, Kategorie 1–2*

La Goya
Gute Küche und viel Atmosphäre. *C. del Puente Colgante 79, Tel. 983 35 57 24, Kategorie 2*

EINKAUFEN

Einen bunten *Flohmarkt* findet man an Sonn- und Feiertagen auf der *Pl. Cantarranillas.*

ÜBERNACHTUNG

Lasa
Ein schönes, altes Wohnhaus, zum Hotel umrenoviert, mit angenehmer, ruhiger Atmosphäre; zuvorkommender Service. *62 Zi., Acera de Recoletos 21, Tel. 983 39 02 55, Fax 983 30 25 61, Kategorie 2*

Mozart
1994 eingeweiht, gemütliche Zimmer, Klimaanlage. Wer keine spanischen Handelsreisenden scheut, kann hier zu angemessenen Preisen logieren. *38 Zi., C. Menéndez Pelayo 7, Tel. 983 29 77 77, Fax 983 29 21 90, Kategorie 1–2*

AM ABEND

Vor allem zwei Stimmungszentren sind für nächtliche Ausflüge hervorzuheben: die *Pl. Mayor* und Umgebung mit ruhigeren Bars, Cafés und Pubs wie *La Tuba* oder *El Sucursal* und die Gegend um die *C. Francisco Suárez:* Diskos, Feten und Studenten, besonders zum Wochenende hin.

AUSKUNFT

Oficina de Turismo
C. Santiago 19, Tel. 983 34 40 13, Fax 983 35 47 31

ZIELE IN DER UMGEBUNG

Aranda de Duero (159/E 1)
Ein kulinarischer Abstecher führt 95 km nach Osten in das knapp 30 000 Ew. zählende Aranda. Hier wird Lammbraten zubereitet, der landesweite Anerkennung genießt. Besonders zu erwähnen sind das *Mesón de la Villa (Pl. Mayor 3, Tel. 947 50 10 25, Kategorie 1–2),* wo Sie unbedingt den Tagesempfehlungen des Küchenchefs Seri Bermejo folgen sollten, und das günstigere *Casa Florencio (C. Isilla 14, Tel. 947 50 02 30, Kategorie 2–3)* mit einer vorzüglichen gebratenen Lammschulter. *Wochenmarkt* ist jeweils Sa vormittags auf der *Pl. Mayor.*

Fuensaldaña (159/E 1)
8 km vom Zentrum Richtung Norden finden Sie in dieser kleinen Ortschaft außer einem Schloss zwei Weinkeller, die schmackhafte Hausmannskost und eigene Weine zu moderaten Preisen anbieten, die Bodega *La Nieta (Mi geschl.)* und die urige Bodega *La Sorbona (Mo geschl.).*

Am Ursprung des Spanien-Mythos

Die Berge und Küsten Andalusiens verzaubern seit jeher die Besucher

Ein bekanntes andalusisches Sprichwort sagt: »Lebe nicht für die Arbeit, arbeite, um zu leben.« Und wie kein anderer Landstrich Spaniens haben die acht südlichen Provinzen das Image der gesamten Nation geprägt: die Weideflächen der Kampfstiere unter sengender Sonne, Millionen von Ölbäumen vor dem Hintergrund schneebedeckter Berggipfel, das Stakkato der Flamencotänzer, das lebendige Erbe der Araber, kleine Dörfer mit unregelmäßigen, weiß gekalkten Häusern – Andalusien verzaubert von jeher seine Besucher. Ausführlichere Informationen finden Sie in den MARCO POLO Bänden »Andalusien« und »Costa del Sol/Granada«.

ALMERÍA

(159/E 6) Als berüchtigtes Piratennest ging Almería in die Geschichte ein. Ihren Charakter als Hafenstadt konnte die Hauptstadt (160 000 Ew.) der gleichnamigen Provinz bis heute bewahren; Obst, vor allem Apfelsinen, und Mineralien werden hier verschifft, eine Fährverbindung hält den Kontakt zu einer der zwei spanischen Enklaven in Afrika, dem exotischen Melilla, aufrecht.

Und noch ein zweiter Faktor prägte das Stadtbild: Immer wieder bebt in Almería die Erde. Das bisher gewaltigste Beben, am 22. September 1522, legte das Judenviertel in Schutt und Asche. Teilweise wurde dabei auch die Alcazaba, die arabische Festungsanlage, zerstört.

BESICHTIGUNGEN

Alcazaba

Die Alcazaba wurde im 13. Jh. errichtet und später erweitert, zurzeit wird sie restauriert. Von den Mauern der Festung aus kann man die gesamte Altstadt überblicken. *Tgl. 9–18.30 Uhr*

Catedral

Östlich der Alcazaba fällt die mächtige Wehrkirche ins Auge, die ab 1524, nach dem erwähnten Erdbeben, an Stelle der bis dahin genutzten Moschee errichtet

Die Casa de Pilatos: Sevillas schönster Stadtpalast

wurde. *Mo–Sa 18–20 Uhr, Pl. Bendicho*

La Chanca
Eines der ältesten und kuriosesten Stadtviertel mit flachen, kolorierten Häusern, die teilweise direkt in den Hang hineingebaut wurden. Zu mittäglicher oder nächtlicher Stunde sollten Sie allerdings nicht alleine durch das einstige Fischerviertel streifen.

MUSEEN

Das Stadtmuseum musste wegen aufwändiger Reparaturen geschlossen werden. Teile der Ausstellungen sind in der *Biblioteca Pública Francisco Villaesesa (Mo–Fr 10–14 und 16–18 Uhr, Sa 10 bis 13.30 Uhr, C. Hermanos Marchado)* zu sehen (Prähistorie). Antike Stadtgeschichte ist dagegen im *Archivo Histórico (Mo–Fr 9 bis 14.30 Uhr, C. Infanta)* ausgestellt.

RESTAURANTS

Club de Mar
Fischfreunde sollten hier einkehren, schöner Blick auf den Hafen. *Muelle 1, Tel. 950 23 50 48, Kategorie 1–2*

Tapatour
Wie überall in Andalusien, lässt man sich auch in Almería die Tapas schmecken. Auf ein ausgesprochenes Tapaviertel stoßen Tapafreunde hinter dem Paseo de Almería, zwischen C. Real und C. Trajano. Bemerkenswert sind *Quinto Toro (C. Juan Leal, Ecke C. Navarro Rodrigo), Casa Joaquín (C. Real 111)* als traditionelle Bar mit Tapas von ausgezeichneter Qualität, *Casa Puga (C. Real 4),* ebenfalls eines der alten und traditionsreichen Häuser der Stadt, und die *Bar Bahía de Palma (Pl. de la Constitución).*

EINKAUFEN

Am *Paseo de Almería* und in der *C. de las Tiendas* konzentrieren sich die Geschäfte. *Angel Lores (C. Real de las Eras 44)* bietet handgetöpferte Tonwaren an, *Gerundino Fernández (Travesía de Buenavista 4)* baut einige der besten Flamencogitarren Spaniens. Wochenmärkte: *Recinto Ferial* am Ende der *Av. del Mediterráneo* (Sa), *Av. del Mediterráneo* (Di vormittags) und Fr vormittags bei der *Pl. de los Toros.*

HOTELS

Indálico
Komfortable Zimmer, freundlicher und unaufdringlicher Service. *52 Zi., C. Dolores Sopeña 4, Tel. 950 23 11 11, Fax 950 23 10 28, Kategorie 2*

Torreluz IV
Hier kommen Handelsreisende und Städtebummler unter, korrekter Service, angemessene Ausstattung. Die beiden Dependancen am gleichen Platz sind etwas günstiger. *105 Zi., Pl. de Flores 6, Tel./Fax 950 23 47 99, Kategorie 1–2*

AUSKUNFT

Oficina de Turismo
Parque de Nicolás Salmerón, Tel. 950 27 43 55, Fax 950 27 43 60

Fähren
Melilla: mehrmals pro Woche, Überfahrt ca. 8 Stunden, *Trasmediterránea, Tel. 950 23 61 55* oder *950 23 63 56;* Nador (Marokko): *Ferrimaroc, Tel. 950 27 48 00*

ZIELE IN DER UMGEBUNG

Sierras **(159/E–F 6)**
Die N 324, später N 332, Richtung Norden führt in den »Garten Almerías«. Orangen, Zitronen und unglaublich große Trauben wachsen entlang des Flusses Río Andarax und seiner Seitentäler in der *Sierra de Gádor.*

N 340, Richtung Nordosten: 20 km vor den Toren der Stadt Almería beginnt in der *Sierra de Alhamilla* die Wüste: Sand, Kakteen, Hitze. Die Landschaft ist so klassisch »Wüste«, dass sie für eine Vielzahl von Westernproduktionen Kulisse bildete. Kurz hinter Benahadux gelangt man dann auch, stilecht, zu zwei »Westernnestern« *(Mini-Hollywood, N 340, km 364, tgl. 12–17 [Sommer bis 20] Uhr).*

Bei Benahadux zweigt auch eine kleine Seitenstraße zu den Thermalbädern *Baños de Sierra Alhamilla* ab. Hier in den Bergen kann man günstig andalusische Hausmannskost essen, übernachten und die Thermalquellen besuchen. Ein echter Übernachtungstipp für alle, die Natur dem gehobenen Komfort vorziehen: *Balneario Sierra de Alhamilla (22 Zi., Pechina, Tel. 950 31 74 13, Fax 950 16 02 57, Kategorie 2–3).* Kunsthandwerk aus dem für die Gegend typischen roten Ton findet man in *Sorbas,* ein gediegenes abendliches Ambiente hingegen in *Mojácar,* Richtung Küste (Terrasse mit Blick auf den Ort in der Bar *Sin Número*). Fischfreunde begeben sich nach *Garrucha* in eines der Restaurants am Paseo Marítimo.

Fast schon in den Bereich des Abenteuertourismus gehört ein Besuch der *Karsthöhlen von Sorbas.* Die Ausrüstung wird gestellt *(Anmeldung Tel. 629 41 69 88, www.cuevasdesorbas.com).* Der Ort selbst eignet sich auch gut für einen Tapabummel.

Strände **(159/E–F 6)**
Die Strände der Stadtumgebung sind verschmutzt und überlaufen. Wahre Traumstrände findet man dagegen einige Kilometer

MARCO POLO TIPPS FÜR SÜDSPANIEN

1 **Alhambra**
Die Alhambra und der Generalife-Palast in Granada zählen zum besterhaltenen und interessantesten Erbe der arabischen Besatzer in Spanien (Seite 99)

2 **Mezquita**
Das Meisterstück der arabischen Architektur im Herzen von Córdoba (Seite 95)

3 **Granada**
Das Erbe von 781 Jahren muselmanischer Herrschaft prägt auch heute noch das Stadtbild von Granada (Seite 97)

4 **Jerez de la Frontera**
Angenehmes Pflichtprogramm: ein Gläschen *fino* in der Heimatstadt des Sherrys und ein Besuch in einer der vielen namhaften Kellereien (Seite 101)

weiter östlich in der Dünenlandschaft des Naturparks *Cabo de Gata (Las Negras, Monsul, San Pedro, Retamar u. a.),* bei *San José* gibt es einen Nacktbadestrand. An der N 340, in Richtung Westen, stößt man auf *Aguadulce,* einen touristischen Pionierort an der Costa del Sol und – im Sommer – beliebten nächtlichen Treffpunkt der Jugend Almerías; *Roquetas de Mar* ist für seine weiten, schwarzen Sandstrände bekannt.

CÁDIZ

(**158/C 6**) Sprachkundigen Stadtneulingen erzählen die *gaditanos,* die Einwohner von Cádiz (158 000 Ew.), gern bei einem Gläschen *fino,* dass das antike Gadir vor rund 3000 Jahren von Herkules gegründet wurde. Wahr ist zumindest, dass schon die Phönizier um 1200 v. Chr. Cádiz zum Handelsstützpunkt ausbauten, dass später Griechen, Karthager, Römer und schließlich die Araber die kleine Landzunge an der südlichen Atlantik-Küste Spaniens besetzten und dass sich die heutigen Stadtbewohner einen ausgeprägten Sinn für Geselligkeit und Gastfreundschaft erhalten haben. An ein geschichtliches Ereignis des 19. Jhs. erinnern sich die *gaditanos* nicht so gern: Am 20. Oktober 1805 wurde die spanisch-französische Flotte von englischen Fregatten unter Leitung von Lord Nelson vor dem Kap von Trafalgar, rund 50 km südöstlich von Cádiz, nach einem erbitterten Seegefecht vernichtend geschlagen.

Die Altstadt scheint sich seit dieser Zeit kaum verändert zu haben. Viele der Bauten sind

Kurios und kolossal: die Kachelkuppel der Kathedrale von Cádiz

nicht renoviert, der sehenswerte Stadtteil verkommt. Erst in den letzten Jahren unternimmt die Stadtverwaltung Anstrengungen, das angeschlagene Stadtbild aufzubessern.

BESICHTIGUNG

Barrio del Pópulo
Interessanter als die gekachelte Riesenkuppel der *Catedral Nueva* von 1720 *(Di–Sa 10–13 Uhr mit Museum, Pl. Pio XII)* sind die Kirchen *Santa María, Santo Domingo* und das *Oratorio de San Felipe Neri (tgl. 8.30–10 und 19.30 bis 22 Uhr, Santa Inés 9).* Im Sommer bietet die Stadt von Zeit zu Zeit kostenlose *Rundfahrten* an, Informationen im Tourismusbüro.

MUSEUM

Museo de Cádiz
Eine archäologische und eine prächtige Malereiausstellung lohnen den Besuch des Stadtmuseums. *Di 14.30–20 Uhr, Mi–So 9–20 Uhr, Pl. de Mina*

RESTAURANTS

Tapatour
Eine knapp 4,5 km lange ✪ Küstenstraße umschließt die Stadt. Die Avenidas führen an Parkanlagen und Teilen der alten Stadtmauer vorbei rund um die Halbinsel. Empfehlenswerte Haltepunkte sind die Hafenschänke *Cervecería del Puerto (C. Zorrilla),* die Markthalle ✪ *Mercado de Abastos (Pl. de la Libertad)* mit einer Vielzahl von kleinen Tapabars im Umfeld, *El Unicornio (Pl. de Asdrúbal 10)* mit Terrasse und Meerblick oder die ✪ Cafébar *El Tinte (C. del Tinte).* Weiter steht eine breite Auswahl an Tapabars (Spezialität: *pescadito*) bereit, z. B. *Las Flores 1* an der schönen *Pl. de las Flores, Las Flores 2* in der *C. Brasil, El Bodegón* am *Paseo Marítimo* oder *La Oriental* an der *Av. de Pórtugal 2.*

ÜBERNACHTUNG

Puerta Tierra
Típico andaluz von außen und innen, guter, umfangreicher Service, helle Zimmer. In der Nachsaison gibt es sehr günstige Sonderpreise. *98 Zi., Av. de Andalucía 34, Tel. 956 27 21 11, Fax 956 25 03 11, Kategorie 1–2*

AM ABEND

✪ Junge Leute treffen sich – besonders von Herbst bis Frühling – in den Bars und Pubs um die *Pl. de Argüelles.* Während der Sommermonate verlagert sich das Nachtleben an die Küste um den *Paseo Almirante Pery Junquera* und den *Paseo Marítimo.*

STRÄNDE

Drei Strände, *Playa La Victoria, La Caleta* und *Santa María del Mar,* sind im Sommer stets überfüllt. Der vierte, *La Cortadura,* ist häufig verschmutzt.

AUSKUNFT

Oficina de Turismo
C. Calderón de la Barca 1, Tel. 956 21 13 13, Fax 956 22 84 71

ZIELE IN DER UMGEBUNG

Algeciras **(158/C 6)**
Die Provinz Cádiz schließt Algeciras (100 000 Ew.) ein, wichtiger

Warenumschlagplatz und mit jährlich über 3,5 Mio. Reisenden die spanische Nummer eins unter den Passagierhäfen (Vorsicht im Hafengebiet!). Ein angenehmes Hotel im andalusischen Stil mit gutem Service und Komfort ist *Al-Mar (192 Zi., Av. de la Marina 2/3, Tel. 956 65 46 61, Fax 956 65 45 01, Kategorie 2).* Tägliche Fährverbindungen führen nach *Tanger* (Marokko) und nach *Ceuta,* einem der zwei Zollfreihäfen unter spanischer Herrschaft in Nordafrika. Die einfache Überfahrt kostet knapp 2000 Ptas. *Auskunft: Oficina de Turismo, Av. Villanueva, Tel. 956 57 26 36, Fax 956 57 04 75*

Gibraltar (158/C 6)

Seit 1704 schwelt der Konflikt zwischen Spanien und Großbritannien: Damals nutzten die Engländer den spanischen Erbfolgekrieg, um den Südzipfel Spaniens zu besetzen. 1713 wurde ihnen die nördliche der zwei Herkulessäulen im Rahmen des Friedensvertrags von Utrecht offiziell zugesprochen. Amtssprache ist Englisch, Temperament und Mentalität der Bewohner sind spanisch. Bei der Einreise wird der Reisepass oder Personalausweis verlangt. Unterkünfte sind im Steuerparadies schwer zu bekommen und teuer.

Puerto de Santa María (158/C 5–6)

Das alte 70 000-Ew.-Städtchen läuft möglicherweise in den nächsten Jahren dem Jetsettreff Marbella den Rang ab. Der internationale Geldadel, stets auf der Suche nach jungfräulichem Neuland, entdeckt nach einer Reihe von Künstlern den traditionellen Fischerhafen auf der gegenüberliegenden Seite der Bucht von Cádiz. Empfehlenswert sind einige der dortigen Fischrestaurants, besonders an der so genannten *Ribera del Marisco.* Für Kinder gibt es einen Wasservergnügungspark, den *Aquasherry Park (Landstr. Cádiz–Madrid).* Einst wurden vom Auslug des alten Herrensitzes Sherrytransporte gesichtet, die den Hafen verließen, heute räkeln sich Feriengäste auf der Dachterrasse des Hotels *Santa María,* das nach den alten Plänen neu errichtet wurde *(100 Zi., Av. de la Bajamar, Tel. 956 87 32 11, Fax 956 87 36 52, Kategorie 2).*

Tarifa (158/C 6)

Europas südlichste Stadt (15 000 Ew.), kaum 14 km von der afrikanischen Küste entfernt, war das Einfallstor der maurischen Eroberer und ist heute Austragungsort der Windsurfing-Weltmeisterschaften. Ansehen kann man das *Castillo de Guzmán* (10. Jh., nur mit Führung), 15 km westlich die *Ruinen* der römischen Stadt Baelo Claudia *(tgl. 10–13 und Mo–Sa 15–18, Winter 16–17 Uhr)* und die nahe gelegene Höhle *Cueva de la Silla del Papa.* Kost und Logis zu vernünftigen Preisen finden Sie bei *La Codorniz (35 Zi., Carretera Málaga–Cádiz, km 79, Tel. 956 68 47 44, Fax 956 68 41 01, Kategorie 2);* besonders die frischen Fischplatten sind zu empfehlen.

CÓRDOBA

(159/D 5) Am Rande der ockerfarbenen Hochebene Sierra Morena wächst ein weißer Traum aus den Ufern des Río Guadalquivir: Córdoba. Fast immer war das geografische Zentrum Andalusiens auch ein politisches und

Die Mezquita in Córdoba – ein interreligiöses Gesamtkunstwerk

kulturelles. Die Römer erhoben Córdoba bereits im 2. Jh. v. Chr. zur Hauptstadt. 700 Jahre später wurde sie durch die Westgoten geplündert und zerstört. Abdarrahmán I. begann ab 756, Córdoba zur Metropole seines selbstständigen muselmanischen Emirats auszubauen, und nur 150 Jahre später wetteiferte die Stadt, 800 000 Ew. stark, mit der Pracht und Macht der damaligen Weltstadt Bagdad. Heute behauptet sich der einstige Nabel der Macht unter den fünf wichtigen Gewerbezonen Andalusiens. Die knapp 300 000 Ew. verdienen ihren Lebensunterhalt hauptsächlich in der Elektroartikel-, Nahrungsmittel- und Tourismusindustrie.

BESICHTIGUNGEN

Alcázar

Die arabische Festung am südwestlichen Altstadtrand ist angefüllt mit römischen Mosaiken und antikem Mobiliar und umgeben von einer Gartenanlage mit Wasserspielen. *Mo–Sa 10–14 und 17.30–19.30, So 9.30–14.30 Uhr*

Mezquita und Judería

★ Die Mezquita verzaubert durch das Spiel der Lichter zwischen den unzähligen Säulen der 19 Längs- und 36 Querschiffe, die unübersehbare Vielfalt der arabischen Ornamente, das schlanke Minarett, das den Aufstieg über 267 Stufen mit einem phantastischen Stadtblick belohnt, und schließlich, im Zentrum der Anlage, mit der erst 1523 »hineingebauten« Kathedrale. Umgeben wird das islamisch-christliche Bauwerk von einer dritten Kultur, der *judería,* dem Judenviertel: kleine, winklige Gassen, gesäumt von zweistöckigen, gekalkten Häusern mit einer ungeheuren Blumenfülle. Allein im Innenhof der *C. Albucasis 6* kann man über 1500 Geranien-, Margeriten- und Gummibaumtöpfe zählen. *Mo bis*

Sa 10–18 Uhr, So 13.30–18 (Winter bis 17) Uhr, C. Torrijos 10

Palacio de Viana
Einen Abstecher wert ist auch das weniger bekannte, östlich gelegene Viertel um die Kirchen San Lorenzo und San Agustín. Viele der Innenhöfe kann man hier ungestört ansehen, u. a. die des ältesten Hauses der Stadt, des Palacio de Viana. *Do–Di 9–14 Uhr, Pl. de Don Gome 2*

MUSEEN

Museo Arqueológico Provincial
Das archäologische Museum zeigt römische und arabische Mosaiken und Skulpturen. *Di 15–20, Mi–Sa 9–20, So 9–15 Uhr, Pl. Páez*

Museo Diocesano de las Bellas Artes
Mehr noch als das städtische Kunstmuseum vereint das der Kirche interessante Skulpturen, Gobelins, Gemälde und Bücher. *Mo–Sa 9.30–13.30 und Mo–Fr 15.30–17.30 Uhr, C. Torrijos 10*

Museo Municipal Taurino
Eines der bekanntesten Stierkampfmuseen Spaniens, Pilgerstätte einer Vielzahl von Anhängern cordobesischer Stierkämpfer im Stadtteil Judería. *Sommer Di–Sa 10–14 und 17.30–19.30 (Winter bis 19) Uhr, So 9.30–14.30 Uhr, Pl. de Maimónides*

RESTAURANTS

Almudaina
Das Almudaina ist untergebracht in einem renovierten Kerker aus dem 16. Jh. mit überdachtem Patio; ausgezeichnete andalusische Küche. *Jardines de los Santos Mártires 1, Tel. 957 47 43 42, Kategorie 1–2*

Caballo Rojo
Im Labyrinth der Judería hat sich auch eine abwechslungsreiche Gastronomie etabliert. Seinen ausgezeichneten Ruf rechtfertigt dieses Restaurant mit einer innovativen andalusischen Küche zu gediegenen Preisen. *C. Cardenal Herrero 28, Tel. 957 47 53 75, Kategorie 1*

Tapatour
Wer nur kleinen Hunger verspürt, sollte den Altstadtbesuch mit einem *jerez* und jungen, eingelegten Sardellen *(boquerones)* in einer Tapabar feiern, beispielsweise in der *Casa Rubio* oder in der *Casa Salinas,* beide an der *Puerta de Almodóvar.*

EINKAUFEN

Nicht weniger als 700 Familienbetriebe befriedigen in Córdoba den steten Hunger der Touristen nach Andenken. Einer der Hauptumschlagplätze für Souvenirs im Stadtzentrum ist die Pl. de la Corredera.

Flamencofeste

Granada zählt zu den Hochburgen feuriger Flamencofeste und deren maurischer Verwandter, der *zambaras*. Doch Vorsicht: Viele der Speziallokale haben sich zu sehr den Wünschen des Tourismus gebeugt, viele Tänzer haben ihr »Feuer« verloren.

ÜBERNACHTUNG

Albucasis
Familiäre Atmosphäre herrscht in diesem Altstadthaus (ohne eigenes Restaurant) mitten im Stadtteil Judería. *15 Zi., C. Buen Pastor 11, Tel. und Fax 957 47 86 25, Kategorie 2*

González
Ebenfalls in einem alten Haus im ehemaligen Judenviertel der Stadt, freundlicher, familiärer Service. *17 Zi., C. Manríquez 3, Tel. 957 47 98 19, Fax 957 48 61 87, Kategorie 2*

Selu
Unterkünfte sind im Zentrum von Córdoba nur schwierig zu bekommen, deshalb sollte man in diesem renovierten, komfortablen Hotel (kein Restaurant) unbedingt reservieren. *118 Zi., C. Eduardo Dato 7, Tel. 957 47 65 00, Fax 957 47 83 76, Kategorie 2*

AUSKUNFT

Oficina de Turismo
Pl. Judá Leví, Tel. 957 20 05 22, Fax 957 20 02 77

ZIEL IN DER UMGEBUNG

Medina-Azahara **(159/D 5)**
Einst mit 112 ha die größte islamische Stadt der Welt, wird Medina Azahara zurzeit 8 km westlich von Córdoba ausgegraben. Gegründet wurde das monumentale Werk von Abdarrahmán III. im Jahre 936, benannt nach seiner Lieblingsfrau Azahara (»die Blume«). Allein der von den Berbern 1013 zerstörte Palast erstreckte sich über eine Fläche von 1500 x 750 m. Das Dach ruhte auf 4300 Säulen, und bis zu 15 000 Gäste konnten im Palast des Kalifen unterkommen. Das Gelände ist inzwischen teilweise zur Besichtigung freigegeben *(Sommer tgl. 10–14 und Di–Sa 16–18.30 Uhr, Landstraße nach Palma del Río, km 5,5)*.

Ebenfalls an dieser Landstraße, in einer alten Korkfabrik, wird Altes auf neu getrimmt: Teils eher Bauschutt, teils wirklich interessante Antiquitäten vom Treppengeländer bis zum Schaukelstuhl findet man bei *Azana S.A., Straße nach Palma del Río, km 5,5.*

GRANADA

(159/E 5) ★ »Beweine nicht wie ein Weib, was du als Mann nicht verteidigen konntest«, rüffelte streng die Mutter des letzten Kalifen von Granada ihren Sohn Boabdil bei der Übergabe der Stadt an die christlichen Eroberer. Der seufzte noch einmal beim Anblick seiner geliebten Stadt und beschloss damit 781 Jahre muselmanischer Herrschaft in Spanien. Der letzte Stadtblick des Mauren auf dem Weg ins Exil, an der N 323 nach Motril, trägt denn auch heute noch den Namen *Suspiro del Moro*.

Leider haben nur wenige arabische Bauten die Jahrhunderte überdauert: Der Zorn der christlichen Rückeroberer fegte nicht nur die arabischen Heere, sondern auch die meisten der maurischen Bauwerke hinweg. Was nicht dem Feuer und der Axt zum Opfer fiel, wurde durch die Jahrhunderte dezimiert. Denn wohl schon damals bauten die Araber nicht mehr für die Ewigkeit: Die Ziegelkonstruktionen mit einem Überzug aus Kalkstuck zerfallen. So ist denn heute sogar die gewaltige und doch so grazile Festungsanlage Alhambra bedroht. Die Zahl der Besucher musste eingeschränkt werden. Auch Teile der arabischen Universität, des Palacio de la Madraza, der überraschend gut erhaltenen Baños Árabes, der arabischen Bäder, die 1918 zum Nationalmonument erklärt wurden, oder das klassischste und daher meistbesuchte aller Stadtviertel, der Albaicín, kämpfen gegen den Verfall. Am Rande des Stadtteils, den die Araber auf den Namen »Viertel der Falkner« tauften, liegt einer der belebtesten Plätze, die Pl. Nueva, dem Namen zum Trotz einer der ältesten Orte der 280 000-Ew.-Stadt, umgeben von einer Reihe interessanter Gebäude. Ausführlichere Informationen finden Sie im MARCO POLO Band »Costa del Sol/ Granada«.

BESICHTIGUNGEN

Albaicín

Das arabische Viertel sollten Sie zu Fuß entdecken. Unzählige kleine Gassen, gesäumt von weißen, rot gedeckten Häusern, wollen erkundet werden. Über 50 kleine Plätze, zu deren bemerkenswertesten die zentrale *Pl. Larga* gehört, erschließen das Labyrinth. Um im Gassengewirr nicht verloren zu gehen, dient die *C. San Juan de los Reyes,* die den gesamten Stadtteil durchzieht, als Anhaltspunkt. Ansehen sollten Sie innerhalb des Gebäudekomplexes *Convento de Santa Catalina de Zafra (Carrera del Darro)* von 1540 das arabische Haus *Casa Árabe de Zafra* (14. Jh., mit einem stillen, kleinen Innenhof). An der *Cuesta del Chapiz* residiert das Institut der arabischen Studien, untergebracht in den Privathäusern *Casas de Chapiz,* mit einem herrlichen Garten, der den Blick auf die Alhambra und das unterhalb liegende Stadtviertel freigibt *(geöffnet nur zu Studienzeiten).* Wenige Meter weiter erschließt der *Camino del Sacromonte* die berühmten, inzwischen sehr touristischen *Cuevas de Sacromonte.* Hier werden Flamencofeste und die aus arabischen Zeiten überlieferten *zambaras* gefeiert. Bemerkenswert im Herzen des Albaicín selbst: einer der besten Aussichtspunkte der Altstadt, der *Mirador de San Nicolás* vor der gleichnamigen Kirche, und der *Palacio Dar-al-Horra (Casa de la Honesta, Callejón de las Monjas, während der Besuchszeiten an der Tür klingeln).* Die *C. Elvira* ist seit alters eines der Zentren für kunsthandwerkliche Arbeiten.

Alcaicería

So nennt sich jener Stadtteil, der die Kathedrale umfasst und der in arabischen Zeiten fast ausschließlich dem Seidenhandel vorbehalten war. 1843 vernichtete ein Großbrand das Viertel, das später nach streng geometrischen Gesichtspunkten wieder aufgebaut wurde und heute einer unübersehbaren Anzahl bunter Andenkenläden Heimat bietet. Der *Corral del Carbón,* antike Karawanserei und späterer Holzkohlegroßmarkt, wurde von den christlichen Eroberern in ein Theater umgewandelt; heute dient das Gebäude wieder kommerziellen Zwecken, dem Verkauf von Kunsthandwerklichem aus Granadas Manufakturen *(Mo bis Sa 9–19 [Sommer bis 20] Uhr, So*

Perfekte Symmetrie und filigraner Marmor: der Löwenhof in der Alhambra

10–14 Uhr, Mariana Pineda). Idealer Platz für einen morgendlichen Kaffee ist die *Pl. de Bib-Rambla.*

Alhambra

★ Die Stadt der Paläste arabischer Herrscher ist von einem gewaltigen Befestigungswall umgeben. Später ließen nachfolgende Herrscher wie Karl V. die Anlage ständig erweitern. Heute bereitet das monumentale Erbe den Stadtvätern Granadas Sorgen: Jährlich 1,5 Mio. Besucher, Abgase und die sengende Sonne machten eine groß angelegte Restaurierung der Alhambra notwendig. Gleichzeitig mussten die Besucherzahlen beschränkt werden. Dennoch, die Besichtigung der Anlage ist unbedingt zu empfehlen: die Festung *Alcazaba* (11./13. Jh.), der *Alhambra-Palast* (13./14. Jh.), der *Palacio de Carlos V* (16. Jh.) mit der Kirche *Santa María* und die prachtvollen Gartenanlagen des *Generalife* (außerhalb der Befestigungsmauern, 14. Jh.) sind zu sehen. *April–Sept. Mo–Sa 9–19.45 Uhr, So 9–18 Uhr, Okt.–März Mo–Sa 9–17.45 Uhr; nächtliche Besuchstermine Di, Do, Sa 22–24 (Sommer) und Sa 20–22 Uhr (Winter), Anmeldung und Kartenreservierung Tel. 958 22 09 12*

Carrera del Darro

Die Straße, die den gleichnamigen Fluss begleitet, bis dieser an der Pl. Nueva in die Unterwelt entschwindet, gehört zu den schönsten Granadas. Am Platzende steht das barocke Haus des hl. Juan de Dios, die *Casa de los Pisas (Mo–Sa 9–13 Uhr).*

MUSEEN

Museo Hispano-Musulmán/ Museo de Bellas Artes

Ein spanisch-arabisches Museum (Keramik, Kacheln, arabische

Kunstwerke) und das Kunstmuseum (Klassiker) teilen sich den Palast Karls V. in der Alhambra. *Di und Do 14.30–18 (Sommer bis 20) Uhr, Mi, Fr und Sa 9–18 (Sommer bis 20) Uhr, So 9–14 Uhr*

Parque de las Ciencias
Der »Park der Wissenschaften« bietet neueste Forschungsergebnisse aus unterschiedlichen Bereichen anschaulich dokumentiert. Dank seiner interaktiven Konzeption sehr interessant. *Di–Sa 10–19, So 10–15 Uhr, Av. Mediterráneo*

RESTAURANTS

Bodegas
Zu den besten Bodegas zählen *Bodega Castañeda (C. Elvira 13)* und *Casa Enrique (Acera del Darro 8).*

Mirador de Morayma
Mitten im Albaicín, Terrasse mit herrlichem Blick. Regionale Küche mit arabischem Einschlag. *C. Pianista García Carrillo 2, Tel. 958 22 82 90, Kategorie 1–2*

Los Santanderinos
Gut, aber nicht ganz billig. Nicht *típico andaluz,* sondern baskische Küche mit Schwerpunkt Fisch. *C. Albahaca 1, Tel. 958 12 83 35, Kategorie 1*

ÜBERNACHTUNG

Alhambra Palace
Zu Füßen der Alhambra die erste Adresse der Stadt mit entsprechendem Preisniveau. *140 Zi., Peña Partida 2, Tel. 958 22 14 68, Fax 958 22 64 04, Kategorie 1*

América
Schlicht, aber mit gutem Preis-Leistungs-Verhältnis und in traumhafter Lage bei der Alhambra. *13 Zi., Real de la Alhambra 53, Tel. 958 22 74 71, Fax 958 22 74 70, Kategorie 1*

Guadalupe
Familienbetrieb mit freundlichem Service in guter Lage bei der Alhambra. *42 Zi., Av. de los Alixares, Tel. 958 22 34 23, Fax 958 22 37 98, Kategorie 2*

Parador de Granada
Vormals ein arabischer Palast, dann ein Franziskanerkloster, heute Nobelherberge mit viel Atmosphäre. *38 Zi., Alhambra, Tel. 958 22 14 40, Fax 958 22 22 64, Kategorie 1*

AM ABEND

Nächtliches Zentrum mit Bars, die teilweise bis 5 Uhr geöffnet sind, ist die *C. Pedro Antonio de Alarcón.* Etwas abseits der Szene liegt das *Planta Baja (C. Horno de Abad)* mit Performances, Festen und der jeweils neuesten Musik. Bis 6 Uhr früh tobt dann das Leben in der aktuellsten Disko der Stadt: *Industrial Copera, Carretera de Almilla*

AUSKUNFT

Oficina de Turismo
Pl. de Mariana Pineda 10, Tel. 958 22 35 27, Fax 958 22 89 16, www.dipgra.es

ZIELE IN DER UMGEBUNG

Sierra Nevada/ Las Alpujarras **(159/E 5–6)**
Immer, wenn in der Sierra Nevada der Schnee schmilzt, blühen die Alpujarras auf. Das Gebiet an der Südflanke der Sierra zählt zu den

Geschniegelt und gestriegelt: Feria del Caballo in Jerez

landschaftlichen Schönheiten Andalusiens, mit typischen, kleinen Bauerndörfern. Von Granada aus über die höchste Straße Europas, vorbei am Wintersportgebiet um den *Pico Veleta.* Übernachtung in *Órgiva* in einem weiß schimmernden Gutshof mit viel Holz, Tonfliesen, arabischen Dachziegeln und Möglichkeiten zu sportlicher Betätigung wie Fischen, Reiten, Wandern, Radtouren: *Hotel Taray Alpujarra, 15 Zi., Tel. 958 78 45 25, Fax 958 78 45 31, Kategorie 2*

JEREZ DE LA FRONTERA

(158/C 5) ★ Jerez de la Frontera (200 000 Ew.) macht durch seine Weine von sich reden. Englische Kaufleute, die sich im 18. Jh. in Jerez niederließen und deren Nachfahren teilweise auch heute noch dort leben, verhalfen dem blumigen Weißen unter der Bezeichnung »Sherry« zu blühenden Exportgeschäften und weltweitem Ruf. Und so wird sicher der Besuch einer – oder mehrerer – der typischen Sherrytavernen und der einen oder anderen Weinkellerei zum Höhepunkt des Aufenthalts.

BESICHTIGUNG

Zoo El Tempul
Im Westen der Stadt liegt eine große zoologische Anlage, erweitert um einen botanischen Garten. *Di–So 10–18 Uhr, C. Taxdirt*

RESTAURANTS

La Mesa Redonda
Eine der besten kulinarischen Adressen der Stadt mit Ortstypischem wie Kalbszunge in Jerez-Essig. *C. Manuel de la Quintana 3, Tel. 956 34 00 69, Kategorie 2*

Tendido 6
Den typischen Stierschwanz *(rabo de toro)* und frischen Fisch kann man hier probieren. *C. Circo 10, 956 34 48 35, Kategorie 2–3*

Venta Antonio
6 km außerhalb Andalusien-Küche mit Schwerpunkt Fisch und Meeresfrüchte – köstlich und nicht zu teuer. *Landstraße Jerez–Sanlúcar de Barrameda, km 5, Tel. 956 14 05 35, Kategorie 2*

BODEGAS

Nicht versäumen sollten Sie den Besuch einer der Weinkellereien, die meist vormittags öffnen und nur im Sommer – normalerweise im August – einen Monat lang schließen. Zum Rundgang durch die mit riesigen Fässern gefüllten Gewölbe und einer abschließenden Weinprobe laden u.a. ein: *Maestro Sierra (Pl. de Silos); Bodegas González Byass (C. Manuel María González); Diez Merito (C. Diego Fernández Herrera); Williams and Humbert (C. Nuño de Cañas 1).*

EINKAUFEN

Gute Korbwaren bekommt man in der *C. Corredera* in der *Cestería Fernández* und in *La Casa del Mimbre;* Keramikartikel sind in der *C. Bodegas* bei *Torrejón* und im *Depósito Cerámica* sowie in der *C. Bizcocheros 39* bei *Canzaro* zu finden; Töpferwaren führt *Antonio Rueda (C. Lorenz Real 23). Markt* ist Do im *Parque González-Hontoria.*

ÜBERNACHTUNG

Doña Blanca
Zentraler geht es nicht, und der Preis stimmt auch; ein neues Hotel mit Komfort. *30 Zi., C. Bodegas 11, Tel. 956 34 87 61, Fax 956 34 85 86, Kategorie 1*

AM ABEND

Abwechslung und Atmosphäre findet man abends um den schönsten Platz der Stadt herum, die *Pl. Alameda Vieja.* Lautstarke Geselligkeit herrscht auch in der *C. Larga* und der *C. Corredera,* die von typischen Bars gesäumt sind; Stimmung beschwingt die *C. San Joaquín* und *El Mamelón.* Die jungen Andalusier zieht es an die nächtliche Küste, zum Beispiel nach *Puerto de Santa María.*

AUSKUNFT

Oficina de Turismo
Calle Larga 39, Tel. 956 33 11 50, Fax 956 33 17 31

MÁLAGA

(**159/D 6**) Die 500 000 Ew. zählende Hafenstadt besticht weniger durch Schönheit als durch vitalen Charme und Lebensfreude. In der Hauptstadt der kleinsten der acht andalusischen Provinzen begegnen sich Erde, Himmel und Meer – so jedenfalls beschreiben Dichter die Lage zwischen dem Mittelmeer und den Bergen Montes de Málaga. Alle Sehenswürdigkeiten liegen in einem eng umrissenen Gebiet zwischen dem Flussbett des Guadalmedina, der Prachtallee Alameda Principal und der Alcazaba.

BESICHTIGUNGEN

Alcazaba
Ab 711 besetzten Mauren die Stadt. Von ihnen stammt – neben

der teilweise erhaltenen Stadtmauer – diese gewaltige Festung, deren Inneres sie, geschützt durch labyrinthartige Verteidigungswälle, in einen blühenden Garten verwandelten. Ein archäologisches *Museum* mit einer Abteilung für arabische Künste ist in der Alcazaba untergebracht. Außerhalb der Festungsmauern kann auch das erst kürzlich wieder entdeckte *Teatro Romano* besichtigt werden. Hier findet jedes Jahr im September ein Open-Air-Theaterfestival statt. *Tgl. 10 bis 13 und 17–20 (Winter bis 19) Uhr, Subida de la Coracha*

Castillo de Gibralfaro

Das im 14. Jh. von Yusuf I. in Auftrag gegebene Bauwerk liegt oberhalb der Festung, ist jedoch über einen eigenen Aufstieg zu erreichen. Von hier aus genießt man einen beeindruckenden Blick hinunter auf Stadt und Meer. *Mundo Nuevo*

Catedral

Mit einer Länge des Kirchenschiffs von gut 100 m und bis zu 40 m Höhe zählt die Kathedrale von Málaga zu den größten und bedeutendsten Renaissancebauten Andalusiens. *Tgl. 10–13 und 16–17.30 Uhr, Pl. de la Catedral*

MUSEUM

Museo de Bellas Artes

Dem Kunstmuseum kommt in der Geburtsstadt Pablo Picassos natürlich ein besonderer Rang zu. Zurzeit wird es umgebaut und soll im Laufe des Jahrs 2000 als nur dem berühmtesten Sohn der Stadt gewidmetes Museum wieder eröffnet werden. *Pl. San Agustín 6*

RESTAURANTS

Casa Pedro

Ein Stadtklassiker im Stadtteil El Palo, mit Spezialitäten vor allem für Fischfreunde, z. B. das *ragú de rape,* das Seeteufelragout. *C. Quitapenas 121, Playa de Palo, Tel. 952 29 00 13, Kategorie 2*

Taberna del Pintor

Ebenfalls schon seit Jahren beliebt, auch unter den Einheimischen; Spezialität sind Fleischgerichte und Salate. *C. Maestranza 12, Tel. 952 21 53 15, Kategorie 2*

Tapas

Ein Tapazentrum mit einem vielfältigen Angebot an Bars liegt um die *Pl. de la Constitución* herum im Herzen der Altstadt. Zu empfehlen ist die Lokalreihe *La Campana* im *Pasaje de Chinitas* zwischen *C. Trinidad* und *Pasillo de Santa Isabel* – hier wird u. a. hausgekelterter *moscatel* ausgeschenkt. *El Boquerón de Plata* in der *C. Bolsa 8* und *C. Martín García 11* wartet mit den besten Fischtapas der Stadt auf, das benachbarte *El Güeño* hat sich als Schinkenspezialist etabliert. Den regionalen Wein probiert man stilecht in der 1840 gegründeten *Antigua Casa Guardia* in der *Alameda Principal 18,* vorzugsweise in Begleitung der *gambas cocidas,* der vorzüglichen gekochten Garnelen.

ÜBERNACHTUNG

Parador de Gibralfaro

Auf dem Hügel gleich neben der Araberfestung gelegen. Nach dem Umbau jetzt mit 38 Zimmern. Reservierung trotzdem nötig! *Tel. 952 22 19 03, Fax 952 22 19 04, Kategorie 1*

AM ABEND

Im Trend sind das renovierte ehemalige Fischerviertel *El Palo* und *Pedregalejo,* ein Viertel mit Bars und Diskos, unter denen das *Krystal* mit Liveacts glänzt.

AUSKUNFT

Oficina de Turismo
Pasaje de Chinitas, Tel. 952 21 34 45, Fax 952 22 94 21

ZIELE IN DER UMGEBUNG

Marbella **(159/D 6)**
Der bekannteste Club Náutico und der prominenteste Bürgermeister Spaniens (Atlético-Madrid-Präsident Jesús Gil y Gil), ein gewaltiger Anziehungspunkt des internationalen Jetsets und ein hübscher Ortskern mit weiß gekalkten Häusern – das kann nur Marbella sein (85 000 Ew.). Ein angenehmes Hotel mit kleinem Golfplatz ist *Artola* an der Landstraße nach Málaga *(29 Zi., km 194, Tel. 952 83 13 90, Fax 952 83 04 50, Kategorie 1–2).* Im Ortszentrum liegt *El Fuerte (244 Zi., Av. del Fuerte, Tel. 952 86 15 00, Fax 952 82 44 11, Kategorie 1).* Die beste Paella gibt es im *Mena (Pl. Naranjos 10, Tel. 952 77 15 97, Kategorie 1–2),* einfache spanische Küche im *Triana (C. Gloria 11, Tel. 952 77 99 62, Kategorie 2).* Gute Tapas hat das *Guerra (Av. Ramón y Cajal 5).* Abends macht man einen Ausflug in die Bars am Sporthafen oder in die Disko *OH! (Hotel Don Carlos, Landstraße nach Málaga, km 192). Auskunft: Oficina de Turismo, Glorieta de la Fontanilla, Tel. 952 77 14 42, Fax 952 77 94 57*

Mijas **(159/D 6)**
Noch recht ursprünglich (aber freilich entsprechend überlaufen) ist dieser Ort mit seinen kleinen, winkligen Gassen, 8,5 km von Fuengirola im Landesinneren. Oberhalb des Dorfes blickt man von einem Aussichtspunkt bei gutem Wetter bis Afrika.

Ronda **(158/C 6)**
Die Kleinstadt (34 000 Ew.) an der schönen, aber kurvenreichen N 473, ebenfalls im Landesinneren, ist eine der ältesten Städte Spaniens überhaupt. Der Ort wird durch eine Schlucht, die der Río Guadalevín bis zu 90 m tief in den Fels gegraben hat, in Neu und Alt geteilt. Der *Puente Nuevo* aus dem Jahr 1793 war der zweite Versuch, das Flussbett zu überbrücken, nachdem die erste Brücke schon während der Bauarbeiten 1735 eingestürzt war. Viele der weißen Häuser sind bis nahe an den Abgrund gebaut. Nicht nur eine reiche Fleischkarte, sondern auch einen atemberaubenden Ausblick bietet das

Costa del Sol

Die eleganteste Küste Spaniens zahlt für dieses Prädikat einen hohen Preis: Nicht nur feinsandige Strände liegen an dieser Küstenlinie zwischen Almería und Algeciras, sondern eben auch übervölkerte Tourismuszentren. Ihren Namen Sonnenküste verdankt sie ihrem milden Klima (Jahresdurchschnitt 18 Grad) und sommerlichen Wassertemperaturen von bis zu 28 Grad.

Restaurant Don Miguel (C. Villanueva 4, Tel. 952 87 10 90, Kategorie 2). Kost und Logis finden Sie im kleinen, aber empfehlenswerten Hotelrestaurant *Molino del Santo (12 Zi., C. Estación, Tel. 952 16 71 51, Fax 952 16 73 27, Kategorie 2)* in *Benaoján,* etwa 15 km westlich von Ronda.

SEVILLA

(**158/C 5**) Hin- und hergerissen zwischen der properen Provinzstadt von einst und einer expowürdigen Weltmetropole heute hat Sevilla (700 000 Ew.) an Identität verloren, was das Zentrum der größten andalusischen Provinz an Prestige zu gewinnen hoffte. Eher peinlich berührt üben die Kellner den perfekten Service am Gast; gewissenhaft übertünchen Inhaber kleiner Geschäfte die Risse in den Fassaden ihrer Ladenlokale. Im Grunde mag sich keiner der offenherzigen Städter mit dem neuen Sevilla identifizieren, das am Ostufer des Guadalquivir seinen stählernen Finger in den Himmel streckt.

Andererseits motivierten Großereignisse wie die Expo 92, die Hochzeit der Kronprinzessin Doña Helena oder internationale Sportveranstaltungen in den Neunzigerjahren ganze Stadtteile zu Restaurierungen. So unterzog sich zum Beispiel eines der ältesten Viertel, Santa Cruz, einer tief greifenden Schönheitsoperation; auch El Arenal, das bis an das östliche Ufer des Guadalquivir reicht, hat diesen Prozess bereits vollzogen. Und auch das Stadtviertel Triana, westlich des Guadalquivir, wurde schließlich saniert. Schade nur, dass Impulse zur Erneuerung fast immer von außen zu kommen scheinen.

BESICHTIGUNGEN

Catedral de Sevilla

Nicht unbedingt das anmutigste, aber mit 130 x 76 m Grundfläche das größte Gotteshaus Spaniens und die drittgrößte Kathedrale der Welt. Sie wurde ab 1403 auf dem Gelände der ehemaligen Moschee errichtet. Die Besteigung des knapp 100 m hohen Glockenturms und Stadtwahrzeichens *La Giralda* und die Besichtigung des beeindruckenden *Domschatzes* (rechtes Schiff) sind im Eintritt enthalten. *Mo–Sa 11 bis 17 Uhr, So 14–18 Uhr, Einlass am rechten Seiteneingang, Av. de la Constitución*

Isla de la Cartuja/Isla Mágica

Über fünf Jahre lang war das Expogelände La Cartuja die größte Baustelle Europas: 500 000 m² bebaute Fläche, sieben neue Brücken, 500 000 m² Parkanlage auf einer Fläche von 215 ha. Nach der Expo fand nur das *Kartäuserkloster Santa María* (15. Jh.) zu seinem beschaulichen früheren Lebensrhythmus zurück. Heute versucht sich die Halbinsel als *Isla Mágica (3500 Ptas Eintritt)* mit Show, Unterhaltung und gastronomischen Angeboten zum Magneten für unternehmungslustige Familien zu etablieren.

Pl. de España

Umgeben von Parkanlagen, haben sich hier im *Parque de María Luisa* Teile des spanischen Verteidigungsministeriums und der Bezirksverwaltung an dem schönen, muschelförmigen Platz eingerichtet.

Pl. de Toros La Maestranza

Die bekannteste Stierkampfarena Spaniens liefert nicht nur die mitreißendsten Kämpfe, sondern auch die lautesten Skandale der Stierkampfsaison. *Mo–Sa 9.30 bis 14 und 15–18 Uhr, Pl. Colón*

Reales Alcázares

Die Festung der Könige gehört zum Muss einer Stadtbesichtigung in Sevilla. Harmonisch wurde das ursprünglich arabische Bauwerk (rechter Trakt, ab 8. Jh., nicht zu besichtigen) nach der Rückeroberung durch die Christen (1248) von jedem seiner späteren Bewohner um ein Stück erweitert. Ähnlichkeiten des *Patio de las Doncellas* (ab 1364) mit der Alhambra von Granada sind nicht zufällig: Pedro el Cruel beschäftigte beim Bau christianisierte Araber aus der Nachbarprovinz. Auch die prachtvolle Parkanlage *Jardines del Alcázar* geht auf arabische Vorbilder zurück. Rechts des *Patio del León* finden Sie den Admiralssaal, der im 16. Jh. als einer der Hauptanwerbepunkte für Reisewillige in die Neue Welt diente. *Okt.–März Mo–Sa 9.30–19, So 9.30–17 Uhr, April–Sept. Mo–Sa 9.30–20, So 9.30–18 Uhr, Eingang an der Puerta del León*

Santa Cruz

Das Stadtviertel östlich der Kathedrale zählt zu den Klassikern Sevillas. Herausragend im ehemaligen Judenviertel der Stadt sind die schmalen Gassen *Callejón del Água, Callejón de Santa María, C. de la Pimienta* und die Plätze *Santa María, Santa Cruz* und *Doña Elvira.* Auf der kleinen *Pl. de la Alianza* im Schatten der Festungsmauer sollte man sich in einer Bar mit einem *gazpacho* erfrischen.

Am Eingang zu Sevillas Stadtpark: Plaza de España und Palacio Central

Torre de Oro
Das wuchtige Bauwerk ist neben der Giralda das zweite Stadtsymbol. Erste Bauabschnitte stammen aus dem Jahre 1220; der Turm soll früher mit goldplattierten Kacheln gedeckt gewesen sein, daher sein Name »Goldturm«. Heute ist er Sitz des Schifffahrtsmuseums. *Di–Fr 10–14, Sa und So 11–14 Uhr, Paseo Colón*

MUSEEN

Casa de Pilatos
Gemälde, u. a. von Goya, und Skulpturen zum großen Teil aus dem 15. Jh., untergebracht in einem 11 000-m^2-Stadtpalast. *Tgl. 9–19 (Sommer bis 20) Uhr, Pl. Pilatos 1*

Conjunto Monumental de la Cartuja/Centro Andaluz de Arte Contemporáneo
Zeitgenössische Malerei (u.a. von Tàpies und Miró), Skulpturen, Wandbehänge und Keramikarbeiten im neuen Museum auf dem Expogelände. *Di–Sa 10–20 (Sommer bis 21) Uhr, So 10–15 Uhr, Isla de la Cartuja*

Museo Arqueológico
Das üppig ausgestattete Museum im weitläufigen, schattigen Parque María Luisa zwischen Fluss und Pl. España gibt einen geschichtlichen Überblick der Provinz Sevilla von der Vorgeschichte bis zur römischen Besatzungszeit und zum Mittelalter. *Di 15–20, Mi–Sa 9–20, So 9–14 Uhr, Pl. de América*

Museo de Artes y Costumbres Populares
Gleich neben dem Archäologischen Museum führt das Volkskundemuseum ein in andalusisches Brauchtum. *Di 15–20, Mi–Sa 9–20, So 9–14 Uhr, Pl. de América*

Museo de Bellas Artes
In diesem Kloster soll der legendäre Don Juan das Licht der Welt erblickt haben. Heute ist hier bildende Kunst zu sehen: Alte Meister wie El Greco, Zurbarán und Murillo, aber auch zeitgenössische Künstler, vor allem aus dem Süden Spaniens, sind ausgestellt. *Di 15–20, Mi–Sa 9–20, So 9–14 Uhr, Pl. Museo 9*

RESTAURANTS

Als eine echte Hochburg der Tapakultur bietet Sevilla einen relativ geringen Bestand an klassischen Restaurants, die zudem vornehmlich im oberen Preissegment angesiedelt sind.

Becerrita
In der Nähe des Rathauses, Fischfreunde sollten Seeteufel mit grüner Sauce *(rape con salsa verde)* probieren. Auch eine reiche Tapakarte gibt es. *C. Recaredo 9, Tel. 954 53 37 27, Kategorie 2*

Casa Cuesta
Uriges Restaurant am Rande des Triana-Viertels mit andalusischer Küche. *C. Castilla 3–5, Tel. 954 33 33 37, Kategorie 2*

Hostería del Laurel
Verwinkelte Gaststätte mit guter, einfacher Küche und leckeren Tapas. *Pl. de los Venerables 5, Tel. 954 22 02 95, Kategorie 2*

Pancho
Kleines, aber feines Lokal mit einer umfangreichen Fischkarte;

auf die Tagesempfehlungen achten! *C. Salado 6, Tel. 954 27 75 82, Kategorie 2*

Tapas
Im Stadtteil El Arenal liegen urige und typische *bodegas* und rustikale *tabernas.* Zum Beispiel der Klassiker, *Bodega Arcos (C. 2 de Mayo).* Tapas in reicher Auswahl und von ausgezeichneter Qualität serviert man auch in der *Bar Europa (C. Siete Revueltas 35),* im *Los Cuevas (C. Virgen de las Huertas 1)* oder in der *Bar Giralda (C. Mateos Gago 2);* ein angenehmes Frühstück unter jungen Leuten gibt es im *Café Sevilla (C. Miguel de Mañara 9).*

EINKAUFEN

Boutiquen, Juweliere, Souvenirshops und eine Unzahl von Schuhgeschäften laden zu einem ausgiebigen Schaufensterbummel im Zentrum ein. Die schmalen Gassen zwischen *Pl. Nueva, Pl. Duque de la Victoria* und *Pl. de la Encarnación* sind durch weite Baldachine sonnengeschützt und nur Fußgängern zugänglich. Wer nach besonderen Schmuckkacheln oder Keramikartikeln sucht, findet jenseits der Brücke Isabel II ein breites Angebot in der *C. Callao 12* bei *Cerámicas Santa Ana. Mantones,* die so typisch andalusischen Umhängetücher, finden Sie in jeder Größe, Musterung und Preislage bei *Mantones Feliciano Foronda (C. Argote de Molina 18).* Einen *Flohmarkt* gibt es jeweils am Do in der *C. Feria* und So in der *Alameda de Hércules,* der *Haustiermarkt* öffnet So auf der *Pl. de Alfalfa,* ein *Handwerkermarkt für Leder und Schmuck* jeweils Mi und Do in der *C. Rioja* und auf der *Pl. Magdalena* sowie Fr und Sa auf der *Pl. del Duque.*

ÜBERNACHTUNG

Casas de la Judería
Kompetenten Service und stilvolle Unterkunft verbindet das ehemalige Stadthaus des Duque von Béjar. Großartig ist auch die Lage im Stadtteil Santa Cruz. *30 Suiten, Callejón de dos Hermanas 7, Tel. 954 41 51 50, Fax 954 42 21 70, Kategorie 1*

Doña María
Ein Schmuckstück im Schatten der Kathedrale mit noblen Zimmern und professionellem Service. *60 Zi., C. Don Remondo 19, Tel. 954 22 49 90, Fax 954 21 95 46, Kategorie 1*

Simón
Schlicht, aber gepflegt und mitten im Zentrum. *29 Zi., C. García de Vinuesa 19, Tel. 954 22 66 60, Fax 954 56 22 41, Kategorie 2–3*

AM ABEND

Tanz und Gesang, Andalusien live, mit Eintrittspreisen ab 35 Mark pro Person (das erste Getränk ist meist im Preis enthalten): kein billiges, aber ein lohnendes Vergnügen. Die authentischsten Flamencoshows der Stadt sind zur Zeit zu sehen im *Los Gallos (Pl. de Santa Cruz 11)* und in der *Tabla Flamenca del Arenal (C. Rodo 7).* Die *Flamencoshow zu Schiff (Abfahrt an der Torre de Oro)* fällt dagegen deutlich ab. Flamenco und Sevillanas zum Mittanzen findet man im Stadtteil Remedios in mehreren Bars der *C. Salado.* Sevillas Jugendliche treffen sich hingegen in der fast unüberschaubaren Fülle von Bars und Szenetreffs rund um die *Pl. Salvador*, in den kleinen Bars und Cafés von *Santa Cruz* oder im Stadtteil *Macarena* in der Nähe der medizinischen Fakultät. Typische, traditionsreiche andalusische Tavernen: das 1670 gegründete *El Rinconcillo (C. Gerona 42); Casa Morales (C. García de Vinuesa 11)* aus dem Jahre 1850; die Bodega *San José* in der *C. San José* oder die *Bodeguita Entrecárceles (Callejón Entrecárceles 1)*, die aus dem Jahre 1894 stammt. Maurische Untertöne schwingen mit im *Pub Abades (C. Abades 13)*, donnerstags mit Pianomusik live. Wirklich stark: der Cocktail *água de Sevilla*. Künstlertreff, Szenekneipe mit Lesungen, Livemusik und anderen Auftritten ist die alte Köhlerstube *La Carbonería (C. Levíes 18)*.

AUSKUNFT

Oficina de Turismo
Av. de la Constitución 21 b, Tel. 954 22 14 04, Fax 954 22 97 53

ZIEL IN DER UMGEBUNG

Huelva und Umgebung (158/B 5)
Weite, teilweise noch menschenleere goldgelbe Sandstrände, weiße Dörfer und einmalige Naturlandschaften – so lässt sich Spaniens südwestlichste Provinz charakterisieren. Die Provinzhauptstadt (145 000 Ew.) wurde 1755 bei einem schweren Erdbeben fast völlig zerstört. Interessant ist die Kolumbusroute mit einem gewaltigen Kolumbusdenkmal *(Punta de Sebo, an der Landstraße nach La Rábida)* und den Hafenorten *La Rábida* und *Palos de Frontera*, von wo aus am 3. August 1492 die drei Karavellen zur Entdeckung der Westpassage nach Indien aufbrachen. Dort die Nachbildung der Landungsstege *Muelle de las Carabelas (Di–So 10–19, Sommer 10–15 und 17–20 Uhr)*, das *Monasterio de la Rábida (Di–So 10–13 und 16–18.15, Sommer 10–13 und 16–20 Uhr)*, dessen Geschichte eng mit der Entdeckung des neuen Kontinents verwoben ist, und das kleine Marinemuseum *Casa Museo Martín A. Pinzón (Di–So 10–13.30 und 17–20 Uhr)*. Eine weitere Route führt durch schöne Naturlandschaften und Naturparks, z. B. zum *Paraje Natural Marismas del Odiel* (per Schiff, *Auskunft in Huelva, C. Sanlúcar de Barrameda 3)* oder zum wohl bekanntesten spanischen Nationalpark *Coto de Doñana* im Mündungsgebiet des Guadalquivir.

Costa de la Luz

Weniger für den Tourismus erschlossen und dementsprechend ruhiger ist die atlantische Schwester der mediterranen Costa del Sol. Die Costa de la Luz, die Küste des Lichts, kommt daher eher romantischen Naturen entgegen und macht sich als Golferparadies einen Namen. Eine ganze Reihe von weiten, weißen und feinsandigen Stränden liegen zwischen Algeciras und Huelva. Die Durchschnittstemperatur des Wassers liegt bei 18 Grad im Jahr. Rund 3000 Sonnenstunden sorgen für angenehme Temperaturen (mittlere Lufttemperatur: 25 Grad) von Mai bis November.

Im klassischen Land des Urlaubs

An Costa Brava, Costa Daurada und Costa Blanca wird umgedacht: mehr Komfort, bessere Qualität

Spaniens Tourismusindustrie am Mittelmeer ist vom Erfolg verwöhnt: Von den fast 65 Mio. Spanien-Gästen im Jahr besuchen mehr als die Hälfte Europas attraktivste Küste, jenen nur rund 2000 m ins Landesinnere reichenden Abschnitt zwischen Portbou und Cartagena. Umsatzkurve und Bauvolumen folgten über Jahrzehnte einer stetig steigenden Tendenz. Doch die Goldgräberzeiten sind vorbei: Die meisten der Hotel- und Apartmentanlagen sind veraltet, der Service verliert zunehmend seinen ursprünglichen Charme und ersetzt Gastfreundschaft durch unpersönliche Routine. Erst langsam setzt Umdenken ein: Immer mehr Gemeinden genehmigen neue Ferienunterkünfte nur mit ausreichender Grünfläche, alte Wohnanlagen will man abreißen oder zu Büro- und Wohngebäuden umbauen. Hochkarätige Sporthäfen entstehen an der ganzen Küste, und allein die Costa Blanca kann heute über 40 Golfplätze vorweisen. Spaniens touristische Zukunft liegt in mehr Komfort, professioneller Betreuung und gehobener Qualität. Ausführlich berichten die MARCO POLO Bände »Costa Brava« und »Costa Blanca«.

Costa Brava, Costa Blanca, Costa Daurada, wild, weiß oder golden: Küsten für jeden Geschmack

ALACANT (ALICANTE)

(**160/C 5**) Professionelle Fotografen nutzen im Frühjahr dutzendweise die speziellen atmosphärischen Bedingungen der Bucht von Alicante, um traumgleiche Stimmungen einzufangen. Schon in der Antike wussten griechische und römische Reisende zu berichten, dass das Licht über der Stadt ein besonderes sei. Diesem einmaligen Glanz hat die ansonsten eher modern-schlichte Hafenstadt (275 000 Ew.) ihren Ruf zu verdanken.

Das touristische Interesse beschränkt sich auf ein vergleichsweise kleines Stadtzentrum zwischen Hafen und dem Castillo Santa Bárbara. Das Rathaus mit seiner vollendeten Barockfassade sei zur Besichtigung empfohlen *(Ajuntament, C. Major, Pförtner nach Einlass fragen)*, auch die *Catedral de San Nicolás* (17. Jh.), ein gutes Beispiel für spanische Barockbauten, oder das ❋ *Castillo de Santa Bárbara (tgl. 10–20, Winter 9–19 Uhr)* oberhalb der Altstadt, das man mit dem Lift vom Strand Postiguet (Paseo de Gómiz) oder über die Straße erreicht und dessen Schutzwälle den Aufstieg mit einem grandiosen Stadt- und Hafenblick belohnen. Doch das eigentliche Alicante genießt man im Alltag. Etwa bei einem morgendlichen Kaffee mit Hörnchen in einer der zahlreichen Bars an der edlen, palmenbestandenen *Explanada de España* mit Blick auf den Hafen *(Sonntagskonzerte: Sommer später Nachmittag, Winter vormittags)* oder beim Einkauf von frischem Fisch, Obst und Gemüse im größten Markt der Stadt, dem *Mercado Central,* oder beim Geschenkekauf in den Geschäften und Boutiquen um die *C. Major* herum. Gegen Mittag genießt man eines der köstlichen Reisgerichte der Region und verabschiedet sich schließlich vom Tag bei einem Disko- oder Barbesuch am Strand von San Juan.

MUSEEN

Museo Arqueológico Provincial
Funde aus der Frühgeschichte, aus dem Mittelalter und bis ins 18. Jh. hinein. *Mo–Fr 9–13.30 Uhr, Av. de la Estación 6*

Museo Municipal de Bellas Artes
Eine kleinere, aber bedeutende Ausstellung zeitgenössischer spa-

MARCO POLO TIPPS FÜR DIE ÖSTLICHE MITTELMEER-KÜSTE

1. **Girona**
Eine der schönsten Altstädte Spaniens, nicht weit von der spanisch-französischen Grenze (Seite 122)

2. **Gaudís Barcelona**
Nicht nur für Architekten eine Offenbarung: das steinerne Erbe des wohl kreativsten und detailverliebtesten Baumeisters des 20. Jhs., Antoni Gaudí in Barcelona (Seite 118)

3. **Dalí-Museum in Figueres**
Neben Miró und Tàpies einer der großen katalanischen Meister: Salvador Dalí wird durch eine Auswahl seiner surrealistischen Phantasien im ehemaligen Theater von Figueres repräsentiert – klein, aber ganz für sich allein (Seite 124)

4. **Der Palmengarten von Elx**
Einmalig in ganz Europa: der Palmengarten von Elche, El Palmeral. Die Ursprünge der Anlage sollen auf phönizische und später maurische Pläne zurückgehen (Seite 113)

5. **Tarragona**
Eine der wichtigsten römisch-gotischen Fundstellen Europas mit sehr gut erhaltenem mittelalterlichem Stadtkern (Seite 130)

nischer Künstler (u.a. Tàpies, Chillida, Picasso). *Okt.–April Di–So 10–13 und Di–Sa 17–20 Uhr, Mai–Sept. Di–So 10.30–13.30 und Di–Sa 18–21 Uhr, Pl. de Santa María 3*

RESTAURANTS

Delfín
Klassiker an der Explanada mit opulenten Reisgerichten und frischem Fisch. *Explanada de España 12, Tel. 965 20 02 85, Kategorie 1*

Nou Manolín
Mittelmeer-Küche mit einer großen Auswahl an Reis- und Fischgerichten. Eine der ersten Adressen der Stadt. *C. Villegas 3, Tel. 965 20 03 68, Kategorie 1–2*

Racó del Pla
Hier beginnt das Essen mit einem mediterranen Aperitif. Regionale Küche. *C. Doctor Nieto 42, Tel. 965 21 66 60, Kategorie 1*

ÜBERNACHTUNG

Covadonga
Zentral gelegen, korrekte Ausstattung, korrekter Service. *83 Zi., Pl. de Los Luceros 17, Tel. 965 20 28 44, Fax 965 21 43 97, Kategorie 2*

Tryp Gran Sol
Direkt im Zentrum, modernisiert und mit korrektem Service. *113 Zi., Rambla de Méndez Núñez 3, Tel. 965 20 30 00, Fax 965 21 14 39, Kategorie 1–2*

STRÄNDE

Feinen Sandstrand und reichlich Gesellschaft für den Nachmittag bieten die *Platja Postiguet, Platja del'Albufereta* und *Platja San Juan,* vergleichsweise ruhig sind dagegen die kleinen Felsbuchten um die Landspitze *Cabo de Huertas* herum.

AUSKUNFT

Oficina de Turismo
Explanada de España 2 und *Pl. del Ajuntament 1, Tel. 965 20 00 00, Fax 965 20 02 43*

ZIELE IN DER UMGEBUNG

Elx (Elche) **(160/C 5)**
Seit den Zeiten der maurischen Besetzung hegt man in Elche (200 000 Ew.) den größten Palmenhain Europas. ★ *El Palmeral* und die gepflegte Gartenanlage westlich des Stadtzentrums, *Huerto del Cura,* lassen inmitten der spanischen Levante einen Traum aus 1001 Nacht entstehen. Die Früchte der Pflanzen bekommt man im Winter und Frühjahr als *dátiles naturales* angeboten, oder sie werden zu einem ortstypischen Likör weiterverarbeitet. Die Palmwedel werden gebleicht und zu Flechtmatten, Körben oder zum traditionellen Osterschmuck, den *ramos de la Semana Santa,* geflochten. Zur Übernachtung lädt der *Parador Huerto del Cura,* ein kleiner Ferienhauskomplex unter Palmen, dem ein gutes Restaurant angeschlossen ist *(80 Zi., Porta de la Morera 14, Tel. 965 45 80 40, Fax 965 42 19 10, Kategorie 1).* Landestypische Kost mit kreativem Einschlag serviert man in dem alten Landhaus *La Masía de Chencho* außerhalb der Stadt *(Landstraße Alacant–Elx, km 62, Tel. 965 45 97 47, Kategorie 2). Auskunft: Oficina de Turismo, Pl. del Parque, Tel. 965 45 38 31, Fax 965 45 78 94*

Torrevieja **(160/C 5)**
Schon aus der Ferne zu erkennen: die weißen Salzberge um Torrevieja, mit 1 Mio. t Jahresproduktion bedeutendstes Salinengebiet (rund 30 km^2) und zunehmend auch Tourismusort.

Villena **(160/C 5)**
Richtung Nordwesten: Burgen *(La Mola, Elda, Sax, Biar)* begleiten den Weg nach Villena (N 330), die schönste wartet jedoch am Ende der Strecke: *El Castillo de Atalaya,* maurischen Ursprungs, im 15. Jh. neu gestaltet und heute zu besichtigen *(bei der Policía Municipal im Rathaus anmelden).*

ALBACETE

(160/B 4) Die Stadt hat eine relativ junge Geschichte: Noch im 9. Jh. wird lediglich von einem muselmanischen Landgut berichtet, das sich Al-Basita, die Ebene, nannte. Damit ist heute noch die Lage der modernen Handels- und Industriestadt – vor allem Messer werden hier gefertigt, etwa die Hälfte aller Klingen Spaniens kommen aus Albacete – perfekt beschrieben: Inmitten der weiten, fast baumlosen Hochebene von La Mancha, die Cervantes seinen Don Quijote durchstreifen ließ, liegt die 145 000-Ew.-Stadt.

RESTAURANTS

El Callejón de los Gatos
Fleisch vom Grill und Ambiente wie in einer Stierkampfarena. *C. Guzmán el Bueno, Tel. 967 21 11 38, Kategorie 2*

Rincón de Ortega
Küche aus La Mancha, wie sie vor allem den Einheimischen schmeckt. *C. Simón Abril 17, Tel. 967 50 56 49, Kategorie 2*

Tapas
Eine Tapatour beginnt in einer der ältesten *tascas* der Stadt, *La Higuerica (C. Méndez Núñez),* und führt über die *Bar Vidal (C. Muelle 20,* süße und salzige Tapas) und *Don Gil (C. Mayor 44,* geschmorter Käse *queso frito* und Schweinefleisch in Öl, *lomo en aceite)* bis hin zum gut besuchten *Milán (Paseo de la Libertad 4).*

EINKAUFEN

Obst, Trockenfrüchte, landestypischen Käse und andere Delikatessen der Gegend bekommt man in *La Tienda (C. Concepción 7)* oder in der *Casa Quintanilla (C. San Antonio 13),* Messer und Klingen in allen Variationen bei *Toni (C. Tinte 22)* oder bei *Simón (C. Marqués de Molins 12).* Eine reiche Auswahl an Spirituosen und vor allem Weine der Region findet man in der *Bolsa de las Licores (Av. Ramón y Cajal 14).*

ÜBERNACHTUNG

Parador de Albacete
Untergebracht in einem großen, alten Gutshof mit viel Platz und Komfort. Tennis, Swimmingpool, Satelliten-TV. *70 Zi., Carretera N 301 km 251, Hondo de la Morena, Tel. 967 24 53 21, Fax 967 24 32 71, Kategorie 1*

AM ABEND

Für Nachtschwärmer gibt es *La Luna* und *La Habana* mit Salsa *(beide C. Concepción),* für die Jüngeren das ★ *La Noche (C. Salamanca 7),* für Studenten *La Facul-*

tad (C. Carnicerías), für Intellektuelle *La Máquina (C. Gaona 8)* und für alle, die sich einmal richtig austoben möchten, das Diskopub *Xandro's (C. Caldereros 4).*

AUSKUNFT

Oficina de Turismo
C. Mayor 46, Tel. 967 58 05 22

ZIELE IN DER UMGEBUNG

Ayna **(160/B 5)**
Wahrscheinlich eines der schönsten Dörfer (1100 Ew.) von La Mancha, gelegen am Río Mundo (ca. 60 km südlich von Albacete), mit gekalkten Häusern, die den Berghang überziehen. Vom Teufelsblick *(Mirador del Diablo)* genießt man eine phantastische Aussicht auf den Flusslauf. Altsteinzeitliche Höhlenmalereien birgt die *Cueva del Niño.*

Chinchilla de Monte Aragón **(160/B 4)**
Teile des Ortszentrums (3330 Ew.) tragen noch heute deutliche mittelalterliche Züge. Der Ort, 13 km südöstlich, ist bekannt für seine Töpferarbeiten, in Betrieb ist z.B. noch die Töpferei von *Antonio Tortosa (C. San Antón 4).* Besichtigen kann man die Ruinen des *Castillo de Juan Pacheco,* errichtet auf den Grundmauern älterer, römischer Bauwerke.

BARCELONA

(161/E 2) »Barcelona«, schmetterte stimmgewaltig Spaniens Stardiva, Caballé Montserrat. Und noch einmal »Barcelona« setzte Englands Popgröße Freddy Mercury im Schein Tausender kleiner Fackeln hinterher. Die Olympia- und Europastadt Barcelona (1,65 Mio. Ew.) hätte sich keine passenderen Botschafter wünschen können. Da kommt der Mut zum Experimentieren wunderbar rüber, da zeichnet sich bereits ein hoch entwickelter Geschäftssinn ab, und da spiegelt sich auch die friedliche Koexistenz von Tradition und Moderne wider. Als brisante Kulturmischung hält Barcelona, die europäischste aller spanischen Städte, den Kontakt zum Kontinent jenseits der Pyrenäen. In Madrid hingegen wird der President de la Generalitat, Jordi Pujol, immer öfter zum Zünglein an der politischen Waage. Dies ist das Klima, in dem namhafte katalanische Designer wie Josep Lluscá oder Oscar Tusquets kein Schaufenster, kein Firmensymbol unangetastet lassen, um mit einer wohl dosierten Mischung aus Spontaneität und Akkuratesse neue Marken und Namen zu schaffen.

Eher trist fallen die Außenbezirke Barcelonas aus. Wenn man auf der Südseite der Pyrenäen talwärts fährt, kommen erst einmal rauchende Schlote in Sicht; Barcelona ist nicht zuletzt auch wichtige Industriestadt: Autos, Traktoren, Flugzeuge und elektronische Geräte werden hier montiert. Ebenso triste wie gleichförmige Vorortsiedlungen schließen sich an. Die feineren Gegenden liegen hinter den hundertjährigen Gärten von Pedralbes, auf der Anhöhe im Nordwesten. Erst ganz zum Schluss trifft man auf den historischen Kern und erfährt: Barcelona ist vor allem Kulturstadt. Dabei beeindrucken die einzelnen Bauwerke genauso wie das Zusammenspiel ganzer Stadtviertel, die

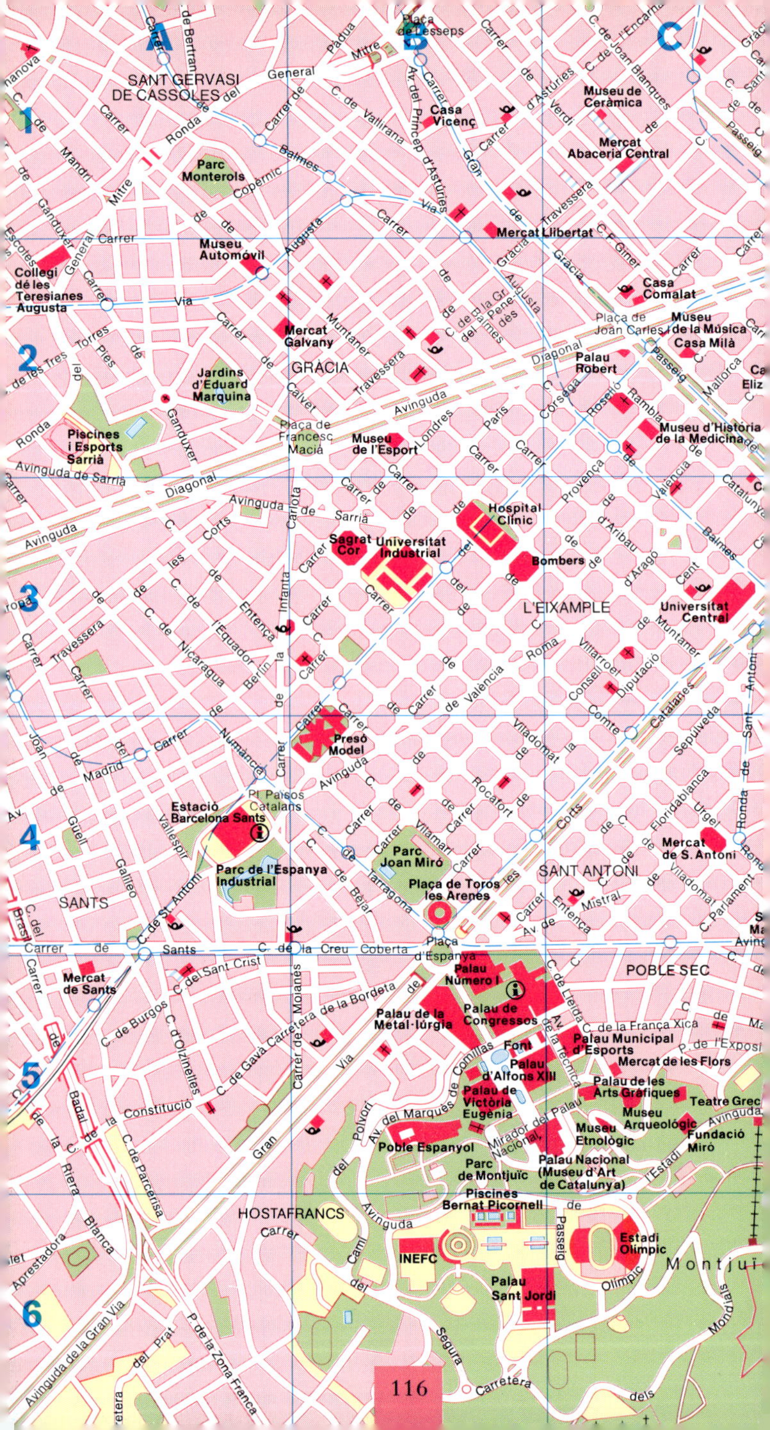
A
B
C
1
2
3
4
5
6
SANT GERVASI DE CASSOLES
Plaça de Lesseps
Casa Vicenç
Museu de Ceràmica
Mercat Abaceria Central
Parc Monterols
Mercat Llibertat
Museu Automòvil
Col·legi de les Teresianes Augusta
Casa Comalat
Mercat Galvany
GRÀCIA
Plaça de Joan Carles I
Museu de la Música Casa Milà
Palau Robert
Jardins d'Eduard Marquina
Piscines i Esports Sarrià
Plaça de Francesc Macià
Museu de l'Esport
Museu d'Història de la Medicina
Avinguda Diagonal
Hospital Clínic
Sagrat Cor
Universitat Industrial
Bombers
L'EIXAMPLE
Universitat Central
Presó Model
Pl. Països Catalans
Estació Barcelona Sants
Parc de l'Espanya Industrial
Parc Joan Miró
Plaça de Toros les Arenes
SANT ANTONI
Mercat de S. Antoni
SANTS
Mercat de Sants
Plaça d'Espanya
POBLE SEC
Palau Número I
Palau de Congressos
Palau de la Metal·lúrgia
Palau Municipal d'Esports
Mercat de les Flors
Font
Palau d'Alfons XIII
Palau de Victòria Eugènia
Palau de les Arts Gràfiques
Teatre Grec
Museu Arqueològic
Museu Etnològic
Fundació Miró
Poble Espanyol
Parc de Montjuïc
Palau Nacional (Museu d'Art de Catalunya)
Piscines Bernat Picornell
HOSTAFRANCS
INEFC
Estadi Olímpic
Palau Sant Jordi
Montjuïc
Gran Via
C. de Sants
C. de la Creu Coberta
Avinguda de la Gran Via
P. de la Zona Franca

D
E
F
Barcelona
500m
N
Mar
Mediterrània
Sagrada Família
Plaça de les Glòries Catalanes
Plaça de Toros Monumental
Teatre Nacional
Auditori Municipal
POBLE NOU
Cementiri de l'Est
Mercat Concepció
Església Concepció
Plaça de Tetuan
Estació d'Autobusos
Arc de Triomf
Palau de Justícia
Sant Pere
Palau de la Música Catalana
Jutjats
Parc de la Ciutadella
Museu de Zoologia
Museu de Geologia
Museu d'Art Modern
Parlament de Catalunya
Parc Zoològic
Aquarama
Parc del Litoral
Base Nàutic Nova Icària
Plaça de Catalunya
Santa Anna
BARRI GÒTIC
Museu F. Marès
Catedral
Museu Hist. de la Ciutat
Palau del Bisbat
Palau de la Generalitat
Canonges
Ajuntament
Mercat Santa Caterina
Mercat del Born
Museu Picasso
Estació de França
S. Maria del Mar
Llotja
Pl. del Palau
Hospital del Mar
Escola de Nàutica
Museu d'Història de Catalunya
Mercat
Palau Virreina
Mercat de la Boqueria
Sant Agustí
Gran Teatre del Liceu
La Mercè
Museu de Cera
Palau Güell
Centre d'Art
Convento Santa Mònica
Pl. Portal de la Pau
Museu Marítim Drassanes
Monument a Colom
Duana
Centre del Mar
Aquari
Port Vell
Dàrsena Nacional
Dàrsena del Comerç
Moll d'Espanya
Moll de la Barceloneta
BARCELONETA
Institut de Ciències del Mar
Torre Sant Sebastià
Platja de la Barceloneta
Platja del Somorrostro
Moll de Barcelona
Estació Marítim
Transbordador Aeri
Moll de Catalunya
Dàrsena de San Bertràn
Jardins de Miramar
Jardins de Mossèn Costa i Llobera
Atraccions Montjuïc
Castell de Montjuïc
Estació del Port
Moll de Ponent
Dàrsena
Moll del Contradic
Moll de Llevant
Moll Adossat
Teatre Apolo
Paral·lel
Sant Pau el Camp
Av. Diagonal
Avinguda Meridiana
Gran Via
Rambla
Via Laietana
Passeig de Colom
Ronda Litoral
Cinturó del Litoral
Palma de Mallorca, Maó (Menorca), Eivissa

sich nach und nach regenerieren. Schon dreimal rüstete Barcelona in der Vergangenheit zu Weltniveau auf: Die Parkanlage de la Ciutadella wurde 1888 zu Ehren der Universalausstellung, einer Art Expovorläuferin, errichtet; das Poble Espanyol folgte 1929 demselben Zweck. 1992 putzte sich Barcelona zur Olympiastadt. Diesmal musste das schmuddelig-romantische Hafenviertel Barceloneta dem Fortschritt weichen. Ausführliche Informationen finden Sie im MARCO POLO Band »Barcelona«.

BESICHTIGUNGEN

Stadtrundfahrten werden auf zwei verschiedenen Routen angeboten. Sie beginnen an der *Pl. Catalunya (Bus Turístic).* Tickets bekommt man am gleichen Platz und im Kaufhaus Corte Inglés. Sie können zu Besichtigungen aus- und später wieder zusteigen. Ausflüge zum *Parc de Montjuïc:* mit der Metrolinie 1 oder 3 zur Pl. Espanya, von dort aus im Halbstundentakt kostenloser Bus zum Poble Espanyol. *Hafenbesichtigungen* mit den kleinen Ausflugsbooten sind spätestens seit der Einweihung der neuen Hafenmole Moll de la Fusta wieder in Mode; Abfahrt unterhalb des Kolumbusdenkmals am *Moll de les Drassanes.*

Barri Gotic/Barri Xinès (117/D 3–4)

Einer der Pflichtrundgänge führt durch den Teil der Altstadt, den die Katalanen das gotische Viertel nennen. Aus dem ältesten Stadtteil mit Monumenten aus dem 12. bis 15. Jh. wurde durch den Zuzug von Architekten, Ärzten und Werbeleuten einer der jüngsten und gesuchtesten der Stadt. Im engen Gewirr der Gassen um die Kathedrale, den Palau de la Generalitat und das Ajuntament, das Rathaus, ducken sich Antiquariate, Büchereien, kleine Läden und gemütliche Cafés unter den wuchtigen Fassaden der Herrenhäuser. Oft kann man einen Blick in einen der prächtigen Innenhöfe werfen. Das Negativ spiegelt sich jenseits der Rambla. Barri Xinès nennt sich jener Stadtteil, der auch den ständigen Säuberungsaktionen der Polizei trotzt. Das Viertel sollte nur mit der gebotenen Vorsicht besucht werden. Professionell geführte Rundgänge vermittelt das Tourismusbüro (Sa und So).

Eixample (116/B–C 2–3)

Bis ins 19. Jh. wuchs Barcelona kaum über seine damalige, rund 3 km lange Stadtmauer hinaus. Erst ein Industrieboom und damit verbundene Einwandererströme ließen das alte Barcelona zu klein werden und den Stadtplaner Ildefons Cerdá zu Lineal und Zeichenstift greifen. Das Ergebnis, der Stadtteil Eixample, kann sich heute noch sehen lassen, wenn es um die ursprünglichen Jugendstil- oder neoklassizistischen Häuserblocks geht, wird aber zur seelenlosen Tortur überall dort, wo moderne Glas- und Betonbauten die langen, schnurgeraden Straßenschluchten säumen, durch die viermal täglich eine Blechlawine von anderthalb Millionen Fahrzeugen rollt.

Gaudís Barcelona

★ In Barcelona studierte Antoni Gaudí Architektur, und dort schuf er die meisten seiner Phantasien in Stein: den *Parc Güell* (**O**) mit seinem Haus, heute *Museum*

Casa Batlló: Die skurrilen Bauten von Gaudí erweichen auch Architekturmuffel

(So–Fr 10–14 und 16–19, Winter bis 18 Uhr), das wahrscheinlich unmöglichste Wohnhaus der Welt, *Casa Milá* oder *La Pedrera (***116/C 2***, Passeig de Gràcia 92);* das Jugendstilhaus *Casa Batlló (***116/C 2***, Passeig de Gràcia 43);* den Palast seines Förderers, *Palau Güell (***117/D 4***, C. Nou de la Rambla 3–5),* und natürlich die Kirche *La Sagrada Família (***117/D 1***, C. de Mallorca),* die nun nach Wunsch des Stadtrats zu Beginn des neuen Jahrtausends vollendet werden soll.

Port Vell **(117/E 4)**
Im Bereich der alten Hafenanlagen hat sich heute die Freizeitindustrie Raum geschaffen. Neben Fastfood und Bars findet man ein beeindruckendes *Aquarium (Aquari, tgl. 9.30–20 Uhr),* das *Museu d'Història de Catalunya (Di–Do 10–19, Fr und Sa 10–20, So 10–14 Uhr),* in dem vom Kreuzfahrer in kompletter Montur bis zum Fiat 500 alles zu sehen ist, was in Katalonien Geschichte geschrieben hat. Dazu das *Shoppingcenter Maremagnum* und ein *3-D-Kino.*

La Rambla **(117/D 3–4)**
Die Rambla, ein ehemaliger Sturzwasserkanal, der Barcelona vor Flutkatastrophen bewahrte, und bis ins 13. Jh. südliche

Grenze der Stadtmauer, kanalisiert heute das Leben der Innenstadt: Bettler und Geschäftsleute, pausbäckige Gemüse- und Blumenfrauen, Papageienverkäufer und Zigarren qualmende Kioskbetreiber kontrastieren mit Urlaubern in kurzen Hosen. Imbissstände und schnuckelige Cafés, das berühmte Opernhaus *Gran Teatre del Liceu,* Rokokopaläste, das *Wachsfigurenkabinett Museu de Cera (Sommer tgl. 10–20 Uhr, Winter Mo–Fr 10–13.30 und 16–19.30 Uhr, Sa und So 10–13.30 und 16.30 bis 20 Uhr, Passatge de la Banca 7),* zweitklassige Hotels und ein Kolumbus in 60 m Höhe stehen unter den Platanen zwischen der Pl. de Catalunya und der Pl. Portal de la Pau.

Tibidabo **(O)**

Mit 532 m Barcelonas höchste Erhebung. Die Grünzone mit Meerblick, ein großer Vergnügungspark und der neue Funkturm werden durch die Straßenbahn »Tramvia Blau« und eine Zahnradbahn erschlossen.

MUSEEN

Fundació Tàpies **(116/C 2)**

Werke des katalanischen Meisters, ausgestellt in einem ehemaligen Verlagshaus. *Di–So 11–20 Uhr, C. Aragó 255*

Museu Marítim **(117/D 4)**

Ein Marinemuseum mit Schiffsnachbildungen; ein Modell der Kolumbusfregatte Santa María im Hafen gehört dazu. *Di–So 10–19 Uhr, Av. Drassanes*

Museu Picasso **(117/E 3)**

Untergebracht in einem mittelalterlichen Palast der Altstadt. *Di–Sa 10–20, So 10–15 Uhr, C. Montcada 15–19*

Parc de la Ciutadella **(117/E 3)**

Ein musealer Ballungsraum Barcelonas ist der großzügige Parc de la Ciutadella mit dem *Zoo,* einem *zoologischen* und einem *geologischen Museum* sowie einem *Museum für zeitgenössische Kunst.*

Parc de Montjuïc (116/B–C 5–6, 117/D 5–6)

Der Montjuïc-Park versammelt in der Nähe des Olympiastadions mehrere namhafte Museen. Die *Fundació Miró (Di–Sa 10–20 [Winter 11–19] Uhr, So 10–14.30 Uhr)* in Barcelona mit Werken des weltbekannten katalanischen Malers und wechselnden Ausstellungen ringt um Anerkennung mit der namensgleichen Stiftung auf Mallorca. Das *Museu d'Art de Catalunya (Wechselausstellungen, Di–Sa 10–19 [Do bis 21] Uhr, So 10–14.30 Uhr)* im Palau Nacional wurde nach einer Grundrenovierung teilweise wieder eröffnet, Schwerpunkt: Gemälde und Skulpturen katalanischer Künstler. Das *Museu Etnològic (Mi und Fr–So 10–14 Uhr, Di und Do 10–19 Uhr)* ist ein kleineres, aber interessantes volkskundliches Museum, untergebracht im Pavelló de les Flors. Das *Museu Arqueològic (Di–Sa 9.30–19 Uhr, So 10–14.30 Uhr)* zeigt Funde aus Katalonien und von den Balearen, u. a. prähistorische Stierköpfe aus Mallorca. Das *Museu Militar (Di–So 9.30–19.30 Uhr)* mit Zinnsoldaten und echten Waffen ist untergebracht im Castell de Montjuïc. Das Freiluftmuseum *Poble Espanyol (Mo 9–20, Di–Do 9–14, Fr und Sa 9–16, So 9–24 Uhr)* versammelt Nachbildungen spanischer Bauwerke im Maßstab 1:1.

RESTAURANTS

Brasserie Flo (**117/D 3**)
Umgeben von Jugendstil, schlürft man hier frische Austern; auch alle anderen Meeresfrüchte sind zu empfehlen. *C. Jonqueres 10, Tel. 933 19 31 02, Kategorie 1–2*

Senyor Parellada (**117/E 3**)
Katalanische Küche zu fairen Preisen. Das hat sich auch unter den Beamten aus der Stadtverwaltung herumgesprochen, die hier vorwiegend zu mittäglicher Stunde einfallen. *C. Argenteria 37, Tel. 933 10 50 94, Kategorie 1–2*

La Vaquería (**116/A 3**)
Die alte Molkerei wurde zum Modelokal, originelles Ambiente und Outfit, mit einer einfachen, aber facettenreichen Küche und einer Auswahl übergroßer Tapas. *C. Déu i Mata 141, Tel. 934 19 07 35, Kategorie 2*

Vinya Rosa Magí (**116/B 3**)
Ein gutes Beispiel feiner katalanischer Küche, unter Leitung des Gastronomieveteranen Magí Huguet und mit noch erschwinglichen Preisen. *Av. Sarriá 17, Tel. 934 30 00 03, Kategorie 1*

EINKAUFEN

Einen Shoppingbummel beginnt man am besten im traditionellen Geschäftsviertel an den Ramblas und arbeitet sich dann über die Rambla Catalunya und die Av. Diagonal bis zu den modernen Einkaufspalästen an der Plaça Reina Maria Cristina vor. Barcelonas Antiquitätenhändler haben sich im Labyrinth der Altstadtgassen des gotischen Viertels nahe der Kathedrale etabliert, der *Antiquitätenmarkt (Do 9–20 Uhr)* auf dem Kathedralenplatz (**117/D 3**). 43 Märkte und Markthallen bietet die Stadt auf, wohl auch deshalb liegt Barcelona im Verbrauch frischer Nahrungsmittel an der Europaspitze. Der *Mercat de la Boqueria* (**117/D 4**) an der Rambla ist der interessanteste. Der *Flohmarkt* installiert sich jeden *Mo, Mi, Fr und Sa* auf der *Pl. de les Glòries Catalanes* (**117/E 1**).

ÜBERNACHTUNG

Condes de Barcelona (**116/C 2**)
Luxuriös und zu einem für das Gebotene akzeptablen Preis: Jugendstil, Marmorbäder und neuer Treffpunkt des Jetsets. *180 Zi., Passeig de Gràcia 75, Tel. 934 88 22 00, Fax 934 88 06 14, Kategorie 1*

Gótico (**117/D 4**)
Ein Klassiker unter Barcelonas Hotels mit einfachen Zimmern, zentral im gleichnamigen Stadtviertel gelegen. *81 Zi., C. Jaume I 14, Tel. 933 15 22 11, Fax 932 68 90 62, Kategorie 2*

Mikado (**O**)
Ruhige Wohngegend, oberhalb des Stadtzentrums. *68 Zi., Passeig Bonanova 58, Tel. 932 11 41 66, Fax 932 11 42 10, Kategorie 1–2*

Núñez Urgel (**116/B 3**)
Renoviert, modern ausgestattet, zentral gelegen, mit professionellem Service – all das zu einem vernünftigen Preis. *122 Zi., C. Comte d'Urgell 232, Tel. 933 22 41 53, Fax 934 19 01 06, Kategorie 2*

AM ABEND

Hassliebe verbindet die Katalanen mit der neu gestalteten Hafenmole Moll de la Fusta; die Restaurants und Bars dort sind dennoch stets gut gefüllt. Das Einkaufszentrum *Maremagnum* (**117/E 4,** *Port Vell, Moll d'Espanya)* wird nachts zum Vergnügungszentrum mit Bars und Diskos.

Hauptsächlich junge Leute treffen sich in den ultramodernen Bars des Stadtteils ✝ Eixample, z. B. im *Velvet* (**116/B 2**, *C. Balmes 161)* oder entlang der Av. Diagonal im *La Boite* (**116/B 2**, *Av. Diagonal 477)*, im *Jimmyz* (**O**, *Av. Diagonal Nähe Hotel Princesa Sofía)*, einer Mischung aus Bar, Superdisko und Restaurant, oder im Klassiker, dem *Yabba Dabba Club* (**116/B 2**, *C. Avenir 63)*. Gute Cocktails genießt man im *Boadas* (**117/D 3**, *C. Tallers 1)* am Ende der Ramblas.

AUSKUNFT

Oficina de Turismo

Pl. de Catalunya 17 (**117/D3**), *Tel. 933 04 31 34, Fax 933 04 31 55, www.barcelonaturisme.com* und *www.bcn.es;* in der Saison außerdem mobile Infostände an mehreren Stellen der Stadt.

ZIEL IN DER UMGEBUNG

Sitges (161/D–E 2–3)

Die 14 000-Ew.-Stadt wird von internationalem und nationalem Tourismus frequentiert. Besuchenswert sind die *Altstadt,* der *Passeig Marítim* (dort die Openairdisko ✝ *L'Atlantida*), das kleine *Heimatmuseum C'an Ferrat (Di bis So 10–13 und 16–18 Uhr, C. Fonollar)* und samstags der *Obst- und Gemüsemarkt.*

GIRONA (GERONA)

(**161/E 2**) ★ Schmale Straßen, wie Schluchten in den Stadtkern gegraben, enge Gassen, teilweise von Bögen überspannt, und verwinkelte Treppenaufstiege machen das Erforschen der »typischsten Altstadt Kataloniens« (70 000 Ew.) zum Abenteuer. Einen ersten Eindruck verschafft man sich von der Brücke ☼ *Pont de Pedra* aus (18. Jh.), an die sich die *Pl. de Vi* mit einem mittelalterlichen Rathaus anschließt. Weiter geht es über den Lebensnerv des alten Stadtteils, den *C. dels Ciutadans,* die *Pl. de L'Oli* und

Hafen Barcelona: vom Industriegebiet zum Szeneviertel

das ehemalige jüdische Viertel um den *C. de la Força* zu einem der prachtvollsten Plätze, der *Pl. de la Catedral,* umgeben von Palästen aus dem 13. und 14. Jh.

BESICHTIGUNGEN

Banys Arabs
Die Reste der arabischen Bäder aus dem 12. Jh. wurden mit modernen architektonischen Bauelementen kombiniert – sehenswert! *Di–So 10–19 (Winter bis 14) Uhr, C. Ferrán el Catòlic*

Catedral
Über eine mächtige Treppe ersteigt man das Hauptportal der Kathedrale (11.–13. Jh.). Am selben Platz ist auch das Museum der Diözese untergebracht. *Di bis So 10–14 und 16–19 Uhr, Besichtigung inkl. Domschatz, Pl. Catedral 12*

Passeig Arqueològic
Der Weg in Gironas Vergangenheit beginnt bei den arabischen Bädern und führt entlang der Stadtmauer vorbei an den drei mächtigen *Wehrtürmen* Cornelia, Julia und Giranella.

MUSEEN

Museu Arqueològic
Das archäologische Museum ist in einer Klosterkirche aus dem 12. Jh. untergebracht. *Sommer Di bis So 10.30–13.30 und 16–19, Winter 10–14 und 16–18 Uhr, C. Santa Llúcia 1*

Museu d'Art
Das Kunstmuseum stellt vor allem Objekte mittelalterlicher, aber auch moderner Kunst aus. *Di–So 10–19 (Winter bis 18) Uhr, Pujada de la Catedral 12*

Museu d'Història de la Ciutat
Das Stadtmuseum zeigt Funde aus Gironas Vorgeschichte. *Di–So 10–14 und 17–19 Uhr, C. de la Força 27*

RESTAURANT

La Penyora
Einheimische Küche mit persönlichem Touch. *C. Nou del Teatre 3, Tel. 972 21 89 48, Kategorie 2*

EINKAUFEN

Markt
Jeweils Di und Sa ist Wochenmarkt auf dem *Passeig de la Devesa* am Rande der gleichnamigen, preisgekrönten Parkanlage, dort, wo sich die Flüsse Onyar und Ter treffen.

ÜBERNACHTUNG

Hostal Bellmirall
Urkatalanisch, versteckt in einer der Altstadtgassen in einem Haus aus dem 14. Jh. mit Natursteinmauern; urig, rustikal und gemütlich, mit familiärer Betreuung. Ein kleines Juwel der Hotellerie. *7 Zi., C. Bellmirall 3, Tel. 972 20 40 09, Kategorie 2*

AUSKUNFT

Oficina de Turismo
Rambla de la Llibertat 1, Tel. 972 22 65 75, Fax 972 22 66 12

ZIELE IN DER UMGEBUNG

Trotz wohl nie endender Aus- und Umbauarbeiten zu empfehlen: die Küstenstraße C 253/ C 252, die weite Teile der Costa Brava begleitet. Ausführliche Informationen finden Sie im

MARCO POLO Band »Costa Brava/Barcelona«.

Andorra la Vella **(161/D-E 1)**
Andorra la Vella ist die Hauptstadt (22 000 Ew.) im Herzen des nur 468 km² großen Freistaats Andorra. Anwaltspraxen, Banken und moderne Geschäfte haben in unglaublich kurzer Zeit für eine gewachsene Infrastruktur gesorgt. Bei der Einreise nach Andorra sind Pass oder Personalausweis, Kfz-Papiere und die grüne Versicherungskarte notwendig. Da der Kleinstaat Zollfreigebiet ist, gelten eingeschränkte Freimengen beim Einkauf.

Blanes **(161/E 2)**
Tourismusort (28 000 Ew.) mit wichtigem Fischerei- und Sporthafen. Sehenswert sind der *Jardí Botànic Mar i Murtra (Winter Mo bis Fr 10–17, Sommer tgl. 9–18 Uhr, Passeig Carlos Faust),* mit über 4000 Spezies u. a. aus Afrika, Amerika und Australien einer der bestbestückten botanischen Gärten Europas, und der *Jardí Tropical (gleiche Öffnungszeiten, Pinya de Rosa)* mit einer beeindruckenden Sammlung tropischer Pflanzen. Die Disko *Studio 1 (Av. Mediterrània)* vereint eine interessante Mischung aus Einheimischen und Urlaubern. Frühstücken kann man gut im *Ample* am *Passeig Marítim.* Eine 100-jährige Gastronomietradition hat das für gute Fisch- und Reisgerichte bekannte *Ca'n Patacano (Passeig del Mar 12, Tel. 972 33 00 02, Kategorie 1–2, auch Zimmer).* Markt ist täglich, sehenswert ist die *Fischauktion* in der *Llonja del Peix (im Hafen, Mo–Fr 16.30 Uhr). Auskunft: Oficina de Turismo, Pl. Catalunya, Tel. 972 33 03 48, Fax 972 33 46 86*

Empúries (Ampurias) **(161/E-F 2)**
Sehenswert sind die griechisch-römischen Überreste (Zeustempel, antike Straßen und Plätze) und ein wohl bestücktes *Museu Arqueològic. Ruinen und Museum tgl. 9–19 (Winter 15–17) Uhr*

Figueres (Figueras) **(161/E 2)**
Figueres (35 000 Ew.) wurde von den Römern gegründet und war ein wichtiges Zentrum des Widerstandes gegen die maurische Besatzung. Sehenswert ist neben dem Stadtzentrum um die platanengesäumte *Rambla* vor allem das ★ *Teatro-Museu Dalí (Sommer Di–So 9–19.45 Uhr, Winter Di–So 10.30–17.15 Uhr, Pl. Gala Dalí).* Nicht nur die Gemälde, auch die Umgestaltung des Teatro Municipal trägt die surrealen Züge des Meisters. Das *Museu El Ampurdán (Di–Sa 11–13 und 16.30–19.30, So 11–14 Uhr, La Rambla)* zeigt Malerei von der Antike bis zur Moderne. Katalanische Küche gibt es im Stadtzentrum im Restau-

Dalí-Museum: Besuch beim Genie

rant *Durán (C. Lasauca 5, Tel. 972 50 12 50, Kategorie 1–2).* Hier kann man auch günstig übernachten. *Auskunft: Oficina de Turismo, Pl. del Sol, Tel. 972 50 31 55, Fax 972 67 31 66*

Lloret del Mar (161/E 2)
Der 20 000-Ew.-Ort ist die Nummer eins unter den Urlaubsorten der südlichen Costa Brava. Sehenswert ist das Ausgrabungsgelände des *Poble Ibèric* am Puig de Castellet. Abends geht man ins *Cala Banys* direkt am Meer in der gleichnamigen Bucht oder in die Megadisko *Revolution (C. Togores, nur im Sommer).* Ein *Markt* findet Di im *C. d'Esports* statt. Ein Hotelklassiker der Costa Brava ist das *Gran Hotel Monterrey (224 Zi., Carretera de Tossa, Tel. 972 36 40 50, Fax 972 36 35 12, Kategorie 1)* mit ausgezeichnetem Service, einer schönen Parkanlage und vielen Sportangeboten bei gutem Preis-Leistungs-Verhältnis. *Auskunft: Oficina de Turismo, Pl. de la Vila 1, Tel. 972 36 47 35, Fax 972 36 77 50*

Palafrugell (161/E–F 2)
Ein Urlaubsort (17 500 Ew.) mit breitem Sportangebot von Golf bis Wassersport. Sehenswert der Blumengarten *Castell i Jardí de Cap Roig (in Richtung Kap). Markt* ist So auf der *Pl. Margall.* Das Hotel *Alga (Av. de la Costa Blanca 55, Calella de Palafrugell, Tel. 972 61 50 68, Fax 972 61 51 02, Kategorie 1–2)* ist ein Familienbetrieb mit 54 Zimmern am Meer. *Auskunft: Oficina de Turismo, C. Carrilet 2, Tel. 972 30 02 28, Fax 972 61 12 61*

Palamós (161/E–F 2)
Das 1543 durch Rotbart, den Piraten, geplünderte Palamós ist heute ein blühendes Tourismusstädtchen (13 300 Ew.). Sehenswert das mittelalterliche Schloss *Castell de Santa Eugeni* (außerhalb der Ortschaft). Klein, aber fein – mit Schwerpunkt Fisch und Reisgerichte – ist das Restaurant *L'Art (Passeig del Mar, Tel. 972 31 55 32, Kategorie 2).* Badestellen an der *Cala Margarita,* der *Platja Fosca,* der *Cala S'Alguer* und an der *Cala La Fosca. Markt* ist tgl. am *C. Major* sowie Di am *Passeig del Mar. Auskunft: Oficina de Turismo, Passeig del Mar, Tel. und Fax 972 60 05 50*

Sant Feliu de Guíxols (161/E 2)
Sehenswert in dem 17 000-Ew.-Städtchen: die restaurierte romanische Kirche *Santa Cristina* mit dem historischen *Museum (Mo–Sa 11–13 und 17–20 Uhr, hinter der Kirche).* Für diejenigen, die noch ein Mitbringsel suchen: Gut sortiert in Likören, Weinen und Sekt ist die *Licorería Casellas (C. Clavé 9).* Ein Tipp für ausgedehnte Spaziergänge: Hier beginnt der schöne *Küstenfußweg Camí de Ronda* nach Palamós über den elegantesten der Küstenorte S'Agaró entlang dem aus gutem Grunde frequentierten Strand am Ferienort *Platja d'Aro.* Das Gebiet ist eine Hochburg für Nachtschwärmer, z. B. die Modedisko *Madox an der Straße Platja d'Aro–Palamós, Pachá (Camí Punta Prima), Paladium an der Straße Platja d'Aro–Barcelona* oder *Tiffany's an der Straße Platja d'Aro–Sant Feliu. Auskunft: Oficina de Turismo, Pl. Monestir 54, Tel. 972 82 00 51, Fax 972 82 01 19*

La Seu d'Urgell (Seo de Urgel) (161/D 1)
Ein Abstecher Richtung Nordwesten führt rund 170 km tief in

Costa Brava

Die »wilde Küste« zwischen Portbou an der französischen Grenze und Calella im Süden zeigt sich heute zahm. Viele der markanten, kleinen Felsbuchten sind für den Tourismus erschlossen, längere Sandstrecken werden fast durchweg von Hotels begleitet – nicht umsonst nimmt die Costa Brava in der Urlaubergunst in Spanien Rang zwei ein. Sommerliche Wasserhöchsttemperaturen von bis zu 26 Grad (Jahresschnitt: 16 Grad) machen auch längere Bäder zum Vergnügen.

das Pyrenäenmassiv nach La Seu d'Urgell. Die Ortschaft (10 000 Ew.) ist bekannt für ihre Monumentalbauten. Sehenswert sind die schmalen Gassen des Stadtzentrums, besonders *C. Major* und *C. Santa María,* die romanische *Catedral de Santa María* aus dem 12. Jh., die Festungen *Ciutadela* im Süden und *Es Castell* im Westen, Diözesanmuseum und Kreuzgang im *Bischofspalast (Sommer tgl. 9–14 und 16–20 Uhr, rechts neben der Kathedrale).* Bescheiden, aber mit freundlichem Service übernachtet man im *Hotel Nice (56 Zi., Av. Pau Claris 4, Tel. 973 35 21 00, Fax 973 35 12 21, Kategorie 3)* im Ortszentrum. Feudaler und komfortabler ist das *El Castell (38 Zi., N 260, km 129, Tel. 973 35 07 04, Fax 973 35 15 74, Kategorie 1),* nicht nur eins der schönsten Hotels, sondern auch eines der besten Restaurants in den Pyrenäen. *Auskunft: Oficina de Turismo, Parc del Segre, Tel. 973 35 15 11, Fax 973 35 01 65*

Tossa de Mar **(161/E 2)**
Einst hat sich der Ort als trutzige Küstenbefestigung wacker gegen die ständigen Einfälle der Seeräuber behauptet; dem heutigen Ansturm französischer und deutscher Urlauber kann Tossa (3500 Ew.) allerdings kaum etwas entgegensetzen. Schuld sind der weite, schöne Stadtstrand und die kleinen, malerischen Buchten der Umgebung. Sehenswert ist die schöne Altstadt. Abends geht man in den Jazzpub *La Tortuga (Okt.-Mai geschl., C. Sant Raimont de Penyafort)* mit Livemusik oder in die Modedisko *Ely Club (C. Pola). Auskunft: Oficina de Turismo, Av. Pelegrí 25, Tel. 972 34 01 08, Fax 972 34 07 12*

MURCIA

(**160/B 5**) Murcia (330 000 Ew.) ist in Spanien Synonym für saftige, goldrote Pfirsiche, Kirschen, Aprikosen und Paprika. Die Provinz stellt – mit prächtig gedeihender Tendenz – einen der großen Obst- und Gemüsegärten Spaniens; die Stadt beschäftigt sich dementsprechend vor allem mit der Weiterverarbeitung zu Konserven und Konfitüren und mit dem Export – unter anderem nach Deutschland.

Die Araber gründeten 831 das alte Mursiya an den Ufern des Río Segura als wichtigen Militärstützpunkt, 1266 eroberte der spätere König von Mallorca, Jaume I, die Stadt im Namen des Christentums. An die Vergangenheit erinnern heute nur noch wenige antike Gebäude am Flussufer, Kapellen und die *Kathedrale* an der *Pl. Cardenal Belluga,* mit deren Bau 1394 begonnen wurde *(Dommuseum Di–So 10–13 und 17–19 [Sommer bis 20] Uhr, Pl. de la Cruz 2)*. Einen guten Kaffee genießt man an der belebten ✪ *Pl. de Santo Domingo* oder am eleganten *Paseo de la Glorieta*. Für einen entspannten Spaziergang bietet sich der *Paseo de Malecón* am gleichnamigen Park an. Bei einem Rundgang durch die Innenstadt sollten Sie auf keinen Fall versäumen, das luxuriöse *Kasino* in der *C. Trapería* zu besuchen. Hier kann man auch in Ruhe einen Kaffee trinken oder eine der wechselnden Ausstellungen anschauen.

MUSEEN

Museo de Arqueología
Funde aus der Prähistorie bis in die Araberzeit. *Mo–Fr 9–14 und 17 bis 20, Sa 11–14 Uhr, Paseo Alfonso X 5*

Museo Hidráulico de los Molinos de Río Segura
Das Bauwerk stammt aus dem Jahre 1818, das Innere birgt teilweise erstaunliche hydraulische Maschinerien aus vergangenen Jahrhunderten. *Mo–Sa 11–14 und 18–21 Uhr, C. de los Molinos*

Museo de la Huerta
Wer tiefer in das Thema »Früchte und deren Verarbeitung« einsteigen möchte, kann dies im Gartenbaumuseum im Vorort Alcantarilla tun. *Di–So 10–20 (Winter 10.30–18) Uhr, N 340*

Museo Salzillo
Das Museum ist eine beeindruckende Hommage an den spanischen Bildhauer Francisco Salzillo (1707–1783), der auch die lebendigsten der Kathedralenskulpturen ausarbeitete. *Di–Sa 9.30–13 und 16–18 Uhr, So 11–13 Uhr, Pl. San Agustín 3*

RESTAURANTS

Conde de Floridablanca
Nicht nur die typisch murcianische Küche, sondern auch die Einrichtung entspricht regionalen Gepflogenheiten. Gut und günstig; auch Hotel mit 85 Zimmern. *C. Princesa 18, Tel. 968 21 46 26, Fax 968 21 32 15, Kategorie 2*

Hispano
Gerichte mit frischem Gemüse und eine der besten Paellas der Stadt. *C. Arquitecto Cerdá 7, Tel. 968 21 61 52, Kategorie 2–3*

Pacopepe
Hier lohnen vor allem eine ausgezeichnete Tapatheke und gute Reisgerichte den Besuch. *C. Madre de Dios 14, Tel. 968 21 95 87, Kategorie 2*

EINKAUFEN

Kunsthandwerkliche Souvenirs aus dem Raum Murcia findet man im *Centro de Artesanía Regional (C. Actor Francisco Rabal 6)*.

ÜBERNACHTUNG

El Churra
Renoviert, mit einfachen, aber ordentlichen Zimmern und nicht zu teuer. *97 Zi., C. Obispo Sancho Dávila 2, Tel. 968 23 84 00, Fax 968 23 77 93, Kategorie 2–3*

Rincón de Pepe
Sicher das komfortabelste, aber nicht das teuerste Hotel der Stadt, ruhige, zentrale Lage, modernisiert. Ein Restaurant gleichen Na-

mens gehört dazu. *162 Zi., Pl. Apóstoles 34, Tel. 968 21 22 39, Fax 968 22 17 44, Kategorie 1*

AUSKUNFT

Oficina de Turismo
Palacio Almudí, Bóveda 5, Tel. 968 21 98 01, Fax 968 21 85 93, www.murcia-turismo.com

ZIELE IN DER UMGEBUNG

Cresta del Gallo (160/B 5)
Einen phantastischen Ausblick auf das fruchtbare Kulturgebiet um Murcia genießt man von der ★ Cresta del Gallo aus, einem erloschenen, kargen Vulkankegel *(ca. 20 km, N 301 Richtung Puerto de La Cadena, später Schildern »Monasterio de la Fuensanta« folgen).*

La Manga del Mar Menor (160/B 6)
Kein Ort im eigentlichen Sinne, sondern eine mit rund 450 ha üppig dimensionierte Ferienanlage von neuem Zuschnitt: Qualität, Luxus, harmonische Gestaltung mit viel Grün. Drei 18-Loch-Golfplätze, Übungsplätze, Pools, Buchten zum Tauchen und Schnorcheln, Surfen, Reiten – es gibt wohl kaum einen Sport, der hier nicht angeboten würde. Im Ort *Los Belones* das Hotel *Príncipe Felipe (192 Zi., Tel. 968 33 12 34, Fax 968 33 12 35, Kategorie 1),* modern und luxuriös mit Golfplatz und gutem Service.

Lorca (160/B 5)
Einer ganz besonders schönen Tourismusinformation darf sich dieses Städtchen (67 000 Ew.) an der N 340 etwa auf halbem Wege zwischen Murcia und Almería rühmen: Teile des reich verzierten Barockgebäudes *Palacio Guevara* von 1694 können *tgl. 10–14 Uhr* besucht werden. Auch die Altstadt mit ihren Stadtpalästen und das *Archäologische Museum (Di–So 11–14 und 17–20 Uhr, Pl. de Juan Moreno),* untergebracht im Palast Marqués de Esquilache, sind sehenswert. Landesweiter Bekanntheit erfreuen sich auch die eindrucksvollen Osterprozessionen der Stadt.

PEÑÍSCOLA

(160/C 3) Ein Fels im Meer, bis der Orden der Templer im Mittelalter eine Festung darauf bauen ließ; später ein ruhiger Ort, an dem Kardinal Pedro Martínez de Luna eine Papstschaft erwartete, die nie kommen sollte, bis schließlich der Tourismus den Ort (4000 Ew.) entdeckte. Fast völlig umschlossen vom Mittelmeer, hat nur eine winzige, winklige Altstadt auf dem Felsbuckel Platz. In der Siedlung *Las Atalayas* bringt die *Casa Severino (Tel. 964 48 07 03, Kategorie 2)* frischen Fisch und frische Meeresfrüchte auf den Tisch. Speisen und Übernachtung lassen sich mit Blick auf Meer und Festung verbinden im Hotel ★ *Benedicto XIII (30 Zi., Urbanización Las Atalayas, Tel. 964 48 08 01, Fax 964 48 95 23, Kategorie 2).* Zu einer *copa* trifft man sich im Hotel *Delfos* oder im *Salam (C. Matilde Tinot). Auskunft: Oficina de Turismo, Paseo Marítimo, Tel. und Fax 964 48 02 08*

ZIELE IN DER UMGEBUNG

Castelló de la Plana (Castellón de la Plana) (160/C 3–4)
Der Mallorca-Eroberer Jaume I verlegte die vergleichsweise junge Stadt (140 000 Ew.) 1251 an

ihren heutigen Standort; die Bewohner gedenken des Umzugs jeweils am 8. September mit einer symbolischen Rückkehr zu ihren Wurzeln auf den 3 km nördlich gelegenen Hügel La Magdalena. Besonders unter Einheimischen beliebt: die Restaurants Carlos *(C. Cadagente, Tel. 964 26 07 33, Kategorie 2)* und Delmónico *(Pl. Cometa Halley 7, Tel. 964 26 00 44, Kategorie 2)*. Interessant, nicht nur für Freunde von köstlich zubereitetem frischem Fisch, ist der Abstecher in den Hafen *El Grao (Restaurant Brisamar, Paseo de Buenavista 26, Tel. 964 28 36 64, Kategorie 1)*. Auch *La Tasca del Puerto (Av. del Puerto 13, Tel. 964 28 44 81, Kategorie 2)* bietet Mittelmeerküche mit Schwerpunkt Fisch. *Auskunft: Oficina de Turismo, Pl. María Agustina 5, Tel. 964 22 10 00, Fax 964 22 77 03*

Ebro-Delta **(161/D 3)**
Einen Besuch des 1983 zum Naturschutzgebiet erklärten Ebro-Deltas, das jährlich durch Aufschwemmungen um etwa 10 m wächst und weitflächig für den Reisanbau genutzt wird, sollten Sie nicht versäumen.

Morella **(160/C 3)**
Das Dorf (2700 Ew., 1004 m) liegt an der stellenweise malerischen N 232, die sich ab Vinaròs in die Berge windet. Besichtigen Sie die Ruinen des *Castillo de Morella,* die *Basílica de Santa María la Mayor (tgl. 10–14 und 15.30 bis 17.30 Uhr),* eines der schönsten gotischen Bauwerke an der Ostküste, und das Kloster *San Francisco* (Nationalmonument, mit Museum). Andenken und typische Backwaren in der *C. Segura Barreda* und *C. Marquesa Fuente del Sol.* Markttag ist der Sonntag. Landestypisch essen kann man günstig im Mesón del Pastor *(Cuesta Jovaní 5, Tel. 964 16 02 49, Kategorie 3).*

Tortosa **(161/D 3)**
Mit etwa 30 000 Ew. tut sich das Städtchen weniger als Tourismus- denn als Agrarzentrum hervor. Vor allem Reis wird hier gehandelt, und Oliven werden zu Öl weiterverarbeitet. Bunter Markttag: *Mo am Paseo del Ebro.* Besichtigungen im Stadtzentrum: die gotische *Kathedrale* (1347 bis 1547), der Innenhof des *Palacio Episcopal (tgl. 10–14 Uhr)* in unmittelbarer Nähe der Kathedrale, die *Paläste Company* und *Depuig.* Einst prähistorische Siedlung, dann römische Akropolis, später Maurenfestung und heute *Parador Nacional:* der Hügel im Stadtzentrum mit dem *Castillo de la Zuda (Parador de Tortosa, 82 Zi., Tel. 977 44 44 50, Fax 977 44 44 58, Kategorie 1). Auskunft: Oficina de Turismo, Av. Generalitat, Tel. 977 44 25 67*

Costa Daurada

Der feine, goldgelbe Sand hat der Goldküste zwischen Barcelona und Peñíscola zu ihrem Namen verholfen. Die Wasserdurchschnittstemperatur beträgt 16 Grad mit sommerlichen Spitzenwerten von bis zu 26 Grad, die Lufttemperatur liegt im Jahresschnitt bei 16 Grad. Vorsicht sei allerdings in Barcelona und um die Stadt herum angeraten: Das Wasser weist oft Verunreinigungen auf.

Erst vor 50 Jahren ausgegraben und daher besonders gut erhalten: das Amfiteatre

TARRAGONA

(161/D 3) ★ Tarragona (114 000 Ew.), das ist ein lebendiges Geschichtsbuch. Seit mindestens 2300 Jahren hat der Mensch hier seine Spuren hinterlassen und den Ort für Archäologen in eine der bedeutendsten Fundstellen der Welt verwandelt: Noch lange vor den römischen Besatzern, die den Ort ab 218 v. Chr. zur mächtigsten Provinzhauptstadt des Römischen Reichs ausbauten, siedelten Iberer an der Mündung des kleinen Flusses Francolí. Der römischen Blütezeit wurde erst durch Überfälle der Franken im 3. Jh. ein Ende gesetzt. Westgoten im 5. Jh. und Araber im 8. Jh. vollendeten die Zerstörung.

Das moderne Tarragona erschließt die *Rambla Nova,* die meerwärts in mehr als 50 m Höhe mit dem *Balcó del Mediterrani* abschließt. Etwa auf halber Höhe der Ramblas breitet sich um die südlich abzweigenden *C. Unió* und *C. Apodaca* das Geschäftsviertel der Stadt aus. Zu Kaffee und Kuchen trifft man sich in der *Cafeteria Arimany (Rambla Nova 45)* oder in der *Pasteleria Leman (Rambla Nova 27),* zu einer Portion Tapas in einer der vielen Bars in den Nebenstraßen der Ramblas. Ein bekannter Treff liegt ebenfalls in der Altstadt: Die *Musikbar Poetes (C. Sant Llorenç)* spricht vor allem jüngeres Publikum an. An der Küste, zwischen der *Platja Vila-Seca* und dem größten Wasserfreizeitpark Spaniens, dem *Aquapark,* begleitet eine Barzeile die Strandpromenade. Anleihen nahmen die Architekten bei Gaudí.

BESICHTIGUNGEN

Amfiteatre

Unweit des Strandes Platja del Miracle sind die gut erhaltenen Reste eines römischen Amphitheaters (2. Jh.) zu sehen, in dem der erste Bischof der Stadt, San Fructuoso, einen qualvollen Märtyrertod starb. *Juni–Okt. tgl. 9–20 Uhr, Okt.–März 10–13.30 und 15.30–17.30 Uhr, April–Juni 10 bis 13.30 und 15–18.30 Uhr, Parc del Miracle*

Catedral und Museu Diocesà

Romanisch-gotisch mit prächtiger Innenausstattung, angeschlossen sind ein Kreuzgang und ein *Diözesanmuseum. Sommer tgl. 10 bis 19 Uhr, Winter 10–14 Uhr, Pl. Seu*

Necròpolis Paleocristià
Eine der ersten christlichen Grabstätten aus dem 3. und 4. Jh. mit angeschlossenem Museum zu Begräbniskulten. *Sommer tgl. 10–13 und 16.30–20 Uhr, Winter 10–13.30 und 16–19 Uhr, Passeig de la Independència 15*

Passeig Arqueològic
Rund 1,5 km Stadtmauer, deren gewaltige Grundsteine bereits im 3. Jh. v. Chr. gelegt wurden, verbinden das antike mit dem mittelalterlichen Tarragona. Innerhalb des 3–10 m hohen, begehbaren Walls, der teilweise phantastische Aussichten auf Altstadt und Parkanlagen im Nordwesten bietet, fällt sofort die Kathedrale auf. *Juni–Okt. tgl. 10–20 Uhr, Okt.–März 10–13 und 15–17 Uhr, April–Juni 10–13 und 15–19 Uhr, Av. Catalunya*

Pont de les Ferreres
Hinter dem Autobahnanschluss (von der Rambla Nova ca. ½ Std. Fußweg) überspannen die Bögen des bis zu 27 m hohen Aquädukts Les Ferreres aus dem 1. Jh. den Fluss.

MUSEEN

Museu Nacional Arqueològic
Das Archäologische Museum informiert über römische Kunst und Kultur. *Sommer tgl. 10–13 und 16.30–20 Uhr, Winter 10–13.30 und 16–19 Uhr, Pl. del Rei 5*

Pretori i Circ Romans
Am südlichen Platzende lässt ein im Mittelalter allerdings stark verändertes *Pretorio Romano* Geschichte lebendig werden. Hier residierte Augustus bei seinen Hispania-Aufenthalten, und Pontius Pilatus, später Statthalter von Judäa, erblickte in den Gemächern des Palasts das Licht der Welt. Angeschlossen sind ein Museum und der *Circo,* eine antike Pferderennbahn von gewaltigen Dimensionen (325 x 115 m). *Sommer tgl. 9–20 Uhr, Winter 10 bis 13.30 und 16–18.30 Uhr, Pl. del Rei*

RESTAURANT

Les Fonts de Can Sala
Ganz sicher eines der kulinarischen Highlights der Stadt, ohne überteuert zu sein. Gute katalanische Küche, Terrasse und Garten. *Carretera de Valls 62, Tel. 977 22 85 75, Kategorie 1–2*

EINKAUFEN

Wochenmärkte findet man Di und Do auf der *Pl. Corsini,* So im Stadtteil *Bonavista.*

ÜBERNACHTUNG

Hotel Urbis
Funktional und bequem, zentral nahe der Pl. de Corsini gelegen. *44 Zi., C. Reding 20, Tel. 977 24 01 16, Fax 977 24 36 54, Kategorie 2*

AUSKUNFT

Oficina de Turismo
C. Major 39, Tel. 977 24 52 03, Fax 977 24 55 07

ZIELE IN DER UMGEBUNG

Küste **(161/D 3)**
Nordöstlich, entlang der Küstenstraße N 340, vorbei an der *Torre*

des Escipions, einer römischen Kult- und Grabstätte (Ende 2. Jh. v. Chr.), durch die blühenden Tourismusorte *Artafulla, Torredembarra* und *Creixell.* Ein weiteres römisches Monument liegt am Wege: der 12 m hohe Triumphbogen *Arc Romà de Berà* (2. Jh. n. Chr.).

Monestir de Santes Creus (161/D 2)
Die Provinz Tarragona ist das Land der Früchte auf trockenem Boden: Oliven, Mandeln und Weinstöcke kultiviert man im Landesinneren. Ein Ausflug in die nähere Umgebung von Tarragona führt zu einem der schönsten gotischen Klöster Kataloniens, dem Monestir de Santes Creus (32 km nördlich), das im Jahre 1158 gegründet wurde.

Port Aventura (161/D 3)
Als direkte Konkurrenz für Disneyland wurde 1994 dieser enorme Vergnügungspark auf etwa 115 ha Fläche eröffnet, eine Erweiterung auf bis zu 800 ha ist geplant. Fünf thematische Gebiete wie ein spanisches Fischerdorf, eine polynesische Insel oder eine Westernstadt werden durch Achterbahnen, Wasserrutschen und Westernzüge verbunden. *Landstraße Vilaseca–Salou, km 2, Auskunft Tel. 977 77 90 90*

VALÈNCIA

(160/C 4) València ist Leben. Das spürt man am Tage, wenn man sich mit dem Wagen durch die vollen, meist überfüllten Straßen zwängt; das erfährt man bei Nacht, wenn die Hitze der Begegnungen erst mit den frühen Sonnenstrahlen abklingt. Nirgendwo, nicht einmal in Madrid, sei das nächtliche Treiben so ausgeprägt wie in der drittgrößten spanischen Stadt, meinen Kenner der Szene. 752 000 ebenso tolerante wie lebenslustige Einwohner, unterstützt durch weitere 600 000 Bewohner aus dem Umland, scheinen sich nach Sonnenuntergang in den Vergnügungsvierteln zu scharen: etwa im ✪ *Barrio del Carme,* um die *Pl. de Cánovas* herum, in Hafennähe, an der *Platja de la Malvarosa* oder, nobel, an der *Pl. de Honduras.* Wie ein Brennglas, eingefasst von den mehrspurigen Alleen, den Gran Vias, und dem trockengelegten Flussbett des Rio Turia mit dem bei Kindern und Sportlern beliebten *Parque Guliver,* versammelt die Altstadt mondäne Boutiquen, weltoffene Galerien und kleine Geschäfte neben den großen Einkaufszentren.

València lebt und wächst; einst Mittelpunkt riesiger Orangen- und Zitronenplantagen, entwickelt sich das Zentrum der gleichnamigen Provinz immer mehr zur Industriestadt. Möbel werden hier hergestellt, Autos und Computer. Zitrusfrüchte und eine der Naturschönheiten Spaniens, das Feuchtgebiet La Albufera, müssen dagegen weichen: Adler, Wildenten und Tausende von Zugvögeln meiden zunehmend den von Schilf unterbrochenen Silberspiegel, obwohl der mit über 3000 ha Gesamtfläche größte Süßwassersee Spaniens seit 1986 unter Naturschutz steht.

BESICHTIGUNGEN

Catedral
Die Kathedrale von València, mit deren Bau im 13. Jh. begonnen wurde, hat einen wuchtigen Be-

Großzügige Alleen, schöne Parks und bunte Geschäfte: Die charmante Großstadt València hat in ganz Spanien einen guten Ruf

gleiter, den achteckigen Turm *El Micalet (tgl. 10–13 und 16.30–20 Uhr)*. Von der Aussichtsplattform des 68 m hohen Turms eröffnet sich ein schöner Blick über die Stadt. Die *Puerta Gótica* ist Schauplatz eines historischen Rituals *(Tribunal de las Águas)*, das auf den Kalifen von Córdoba (960) zurückgehen soll und bei dem heute noch jeden Do um 12 Uhr mittags Unstimmigkeiten der Wasserrechte geschlichtet werden. *Tgl. 7.30–13 und 16.30–20.30 Uhr*

Jardì Botànic

Iberische Flora en gros, Tausende von Spezies. *Di–So 10–19 Uhr, C. Beato Gaspar Bono 6*

Jardines de Monforte

Eine der schönsten Gartenanlagen Spaniens, unbedingt besuchenswert. *Tgl. 10.30 Uhr bis Sonnenuntergang, C. Monforte*

Jardì Zoològic

Hier werden auch die Kinder zufrieden gestellt: Zoo, Minizug, Gartenanlagen. *Tgl. 10 Uhr bis Sonnenuntergang, Viveros Municipales Pio V*

La Lonja

Die ehemalige Seidenbörse aus dem 15. Jh. zeigt heute Wechselausstellungen. *Di–Sa 9.30–14 und 17–21 Uhr, So 9.30–13.30 Uhr, Juli/Aug. Sa geschl., Pl. del Mercado*

Palau de la Generalitat

Das prachtvolle Gotikbauwerk (15. Jh.) erinnert an die Zeiten, da València noch ein unabhängiges Königreich war. *C. Caballeros*

MUSEEN

Ciudad de las Artes y las Ciencias

An der Autobahn nach Saler (Camino de las Morales) entsteht der größte Freizeit- und Wissenschaftskomplex Europas: Planetarium, Lasershow, 3-D-Kino, ein ozeanografisches und ein Wissenschaftsmuseum etc. *Di bis Do 10–21.30, Fr 10–23.30, Sa und So 11–23.30 Uhr*

Institut Valenciá d'Art Modern (IVAM)

Eine von Spaniens avantgardistischen Adressen; wechselnde Ausstellungen zeitgenössischer spanischer Künstler. *Di–So 10–19 Uhr, C. Guillém de Castro 118*

Museo de Bellas Artes

Das restaurierte Kunstmuseum steht am Rande der prächtigsten aller valencianischen Parkanlagen, der *Jardines del Real. Di–Sa 10–14 und 16–19.30 Uhr, So 10 bis 19.30 Uhr, C. San Pio V*

Museo Nacional de Cerámica

Spaniens wichtigstes Keramikmuseum im barocken Palacio de Marqués de Dos Águas. *Di–Sa 10–14 und 16–20, So 10–14 Uhr, C. Poeta Querol 2*

Museo Taurino

Eins der besonders gut ausgestatteten Stierkampfmuseen Spaniens. *Mo–Sa 10–13 und 16.30 bis 20.30, So 11–14 Uhr, Passatge Doctor Serra 18*

RESTAURANTS

Nirgendwo in Spanien soll man so gesund essen wie in València: Reis, frische Gemüse, mageres Fleisch – die wesentlichen Ingredienzen des Klassikers *paella valenciana.*

Albacar

Der Gourmettempel mit noch akzeptablen Preisen ist in einem komfortablen Lokal mit Garten untergebracht. *C. Sorní 35, Tel. 963 95 10 05, Kategorie 1*

Bodegó de la Sarieta

Typische Reisgerichte zu durchaus erschwinglichen Preisen. *C. Juristas 4, Tel. 963 92 35 38, Kategorie 2–3*

Gargantúa

Speisen in noblen Salons, phantasievolle Küche mit Anspruch. *C. Navarro Reventer 18, Tel. 963 34 68 49, Kategorie 1–2*

EINKAUFEN

Nicht nur die dafür berühmten Gassen nördlich der gewaltigen, glasgedeckten Markthalle ◈ *Mercado Central* laden zum Schaufensterbummel ein. Ein echter *Flohmarkt* belebt jeden So-Vormittag die *Pl. Nápoles y Sicília.* Handwerkskünstler aus dem Raum València stellen aus und

Costa del Azahar

Noch vor València beginnt dieser sand- und buchtenreiche Küstenabschnitt, eine der Domänen des Pauschaltourismus. Die Orangenblüten *(azahares)* verdanken die rund 210 km Küstenlinie, die im Norden mit dem ins Mittelmeer vorgeschobenen Ebro-Delta abschließen, vor allem den Ausläufern des iberischen Gebirgssystems. Die bis zu 1800 m hohen Berge schützen das Gebiet vor Winden aus dem Landesinneren und verwandeln es mit jedem Frühjahr aufs Neue in einen blumen- und früchtereichen Garten. Die durchschnittliche Wassertemperatur liegt bei 18 Grad, im Sommer werden nicht selten 28 Grad Lufttemperatur gemessen.

verkaufen im *Centro de Artesanía (C. Hospital 7). Arturo Carbonell (C. Castelló 21)* bietet eine große Auswahl an Fächern an.

ÜBERNACHTUNG

Inglés
Ohne besonderen Komfort, aber zentral gelegen und mit einem Hauch von Extravaganz; das Hotel ist in einem ehemaligen Stadtpalast untergebracht. *62 Zi., C. Marqués de los Dos Águas 6, Tel. 963 51 64 26, Fax 963 94 02 51, Kategorie 1*

Hostal San José
Nicht nur wegen der zentralen Lage eine der besten Empfehlungen Valèncias im unteren Preissegment; zwar ohne Luxus und ohne Frühstück, aber mit Charakter und familiärem Service. *14 Zi., C. Transis 5, Tel. 963 94 01 52, Kategorie 3*

AUSKUNFT

Oficina de Turismo
C. de la Paz 48, Tel. 963 98 64 22, Fax 963 98 64 21

ZIELE IN DER UMGEBUNG

Costa del Azahar **(160/C 4)**
Richtung Süden, entlang der N 332, reihen sich kleinere Städte entlang der Costa del Azahar: die Orangenstadt *Gandía* mit einem der wichtigen Exporthäfen für Früchte, *El Grau;* der Tourismusort *Cullera,* dessen Bevölkerung in den Sommermonaten bis auf das Fünffache wächst; die Reisstadt *Sueca* in den Ausläufern des Feuchtgebiets *La Albufera,* die sich wesentlich um den Anbau des Hauptbestandteils einer jeden Paella verdient macht, und die Ortschaften *El Palmar* und *Silla,* von denen aus der große Süßwassersee im Zentrum von La Albufera mit dem Leihboot entdeckt werden kann.

Coves de Sant Josep **(160/C 4)**
Die Grotten von San José, ein unterirdischer Flusslauf, können auf etwa 1200 m mit dem Boot befahren werden *(Mo und Di 10–13, Mi–So 11–13 Uhr und tgl. 15 Uhr bis Sonnenuntergang).* Man erreicht die Grotten über die N 340 nach Norden, dann links nach Vall de Uixó abbiegen und den Schildern »Grutas de San José« folgen.

Sagunt (Sagunto) **(160/C 4)**
Mehrmals in seiner Geschichte zerstört, kontrastiert in Sagunt (58 000 Ew.) heute auffällig Neu mit Alt. Relikt aus der Zeit der römischen Besetzung ist ein besonders gut erhaltenes *Amphitheater* mit hervorragender Akustik, das jeweils im August für Theaterfestivals genutzt wird. Am selben Hang sind auch die Überreste des antiken Saguntum zu finden – über 2000 Jahre Stein gewordene Geschichte *(Castillo und Teatro Romano Di–Sa 10–20 Uhr, So 10–14 Uhr).* Ebenfalls ansehen sollten Sie den alten Stadtteil *La Judería.* Essen können Sie zum Beispiel im einfachen Restaurant *La Pinada (N 234, km 3, Tel. 962 66 08 50, Fax 962 65 05 43, Kategorie 2–3),* mit etwas Glück ist dort auch gleich ein Zimmer frei, oder bei *L'Armeler (C. Castillo 44, Tel. 962 66 43 82, Kategorie 2)* unterhalb des Schlosses in der Judería von Sagunto. *Auskunft: Oficina de Turismo, C. Cronista Chabret 2, Tel. 962 66 22 13, Fax 962 65 05 63*

Wo Spanien noch authentisch ist

Die hier beschriebenen Routen sind in der Übersichtskarte im vorderen Umschlag und im Reiseatlas ab Seite 156 grün markiert

① GENIESSERTOUR DURCH NAVARRA UND LA RIOJA

Diese Tour spricht alle Sinne an, führt sie doch nicht nur durch landschaftlich schöne Gebiete der spanischen Pyrenäen, sondern auch in die Tempel nordspanischer Winzer in Navarra und La Rioja. Für die rund 600 km lange Tour sollten Sie sich mindestens fünf Tage Zeit nehmen, wenn Sie allen Vorschlägen – Besichtigung von Pamplona, Weinproben, Spaziergänge – folgen wollen.

Die Tour beginnt an einem der bekanntesten und beklemmendsten Orte Navarras, den Höhlen von *Zugarramurdi* (N 121, 4 km von Dancharinea, gleich nach der französischen Grenze). Hier wurde 1610 ein blutiger Inquisitionsprozess abgehalten, bei dem 30 Bewohner von Zugarramurdi der Hexerei in den Höhlen bezichtigt wurden. Sieben befand man für schuldig und verbrannte sie gleich an Ort und Stelle, fünf weitere starben im Verlauf der Verhöre.

Der N 121 weiter in Richtung Pamplona folgend, kommt man durch *Elizondo,* das vor allem in der Calle Mayor ein paar schöne alte Bauwerke aufweist. Auch ein schlichtes, absolut ruhiges Nachtquartier ist relativ nah (etwa 10 km bergan): Die *Casa Urrusca,* ein größerer spanischer Bauernhof, hält auch zwei Gästezimmer bereit *(kein Tel., Kategorie 3).*

Tags darauf erreichen Sie *Pamplona.* Das knapp 200 000 Ew. zählende Zentrum Navarras ist mindestens einen Tagesbesuch wert. Die weiträumige Plaza del Castillo ist der Nabel der Stadt; über die Calle Chapitela kommt man zum Rathaus und weiter über Santo Domingo zum Museo de Navarra mit einer landeskundlichen Ausstellung. Tapabars finden Sie in der Gegend um die Kirche San Nicolás (Paseo de Sarasate), das Nachtleben konzentriert sich in der Altstadt und rings um San Juan. Die *Touristeninformation* finden Sie in der Straße *Duque de Ahumada 3 (Tel. 948 22 07 41, Fax 948 21 14 62).*

Von Pamplona gelangen Sie über einen Autobahnanschluss auf die N 240 in Richtung Jaca. Bei Liédena zweigt die NA 127 nach *Sangüesa* ab, einem der Orte, die vor Jahrhunderten Pilgern auf dem Weg nach Santiago Quartier gewährten. Von hier aus führt ein Abstecher zum *Castillo de Javier* (über die NA 5410). Die Burg ist nicht nur der Geburtsort des Schutzpatrons der Provinz, San Francisco Javier (1506), der den Jesuitenorden mitbegründete, sondern auch ein künstlerisch-handwerkliches Juwel, das in den letzten Jahren restauriert wurde. Ein weiterer Abstecher führt in das landschaftlich sehr schöne Naturschutzgebiet *Hoz de Arbayún.*

Nächste Station ist *Sos del Rey Católico.* Hier wurde die gesamte Altstadt zum historisch-künstlerischen Monument erklärt. Ansehen sollten Sie die Stadtmauern, den Palacio de San Estebán (mit kleinem Museum), das Rathaus und die Gegend um die Plaza Mayor. Der *Parador Fernando de Aragón (60 Zi., C. Arquitecto Sainz de Vicuña 1, Tel. 948 88 80 11, Fax 948 88 81 00, E-Mail sos@parador.es, Kategorie 1)* ist nicht nur auf Grund seiner schönen Ausblicke ein angenehmes Quartier. Essen können Sie in der *Casa Sierra (C. Mediavilla 71, Tel. 976 67 94 81, Kategorie 2).*

Über *Uncastillo* mit einem besonders gut erhaltenen Altstadtkern geht es weiter nach Sádaba und *Carcastillo.* Hier lohnt das benachbarte Kloster *Monasterio de la Oliva* einen Besuch. Über die N 121 erreichen Sie schließlich *Olite,* eines der regionalen Winzerzentren. Nachdem Sie die Stadtmauer bewundert haben, deren Ursprünge bis in die römische Zeit zurückreichen, können Sie hier eine oder mehrere Bodegas besuchen, z. B. *Bodegas Piedemonte (Rua Romana), Bodega Marco Real (N 121, km 38)* oder *Ochoa (Carretera Zaragoza 21).*

Von Olite fahren Sie über die N 121 und N113 nach *Cintruénigo* im Südzipfel der Provinz Navarra, wo die *Bodegas Julian Chivite (C. Ribera)* einen ausgezeichneten Rosé keltern, der auch am spanischen Hof genossen wird. Besagten Rosé serviert man auch in einem der besten Restaurants Navarras, dem *Maher (C. Ribera 19, Tel. 948 81 11 50, Kategorie 1),* wo Küchenchef Enrique Martínez selbst einem schlichten Spiegelei den kleinen Unterschied zwischen schmackhaft und köstlich mit auf den Weg gibt.

Die Route führt nun weiter in die Nachbarprovinz La Rioja. Südlich von Logroño reift auf gut 45 000 ha Fläche der berühmte Rioja heran. Die besten Lagen sind die Südhänge zwischen Ebro-Tal und dem kantabrischen Gebirgszug. Seit mehr als einem Jahrhundert folgt man in La Rioja und Navarra übrigens auch bei der Bereitung natürlich schäumender Weine der traditionellen Methode aus der Champagne. Neben den berühmten katalanischen Cavakellereien bringt vor allem die Gegend nördlich von Logroño einen ausgezeichneten Schaumwein hervor.

Auch in *Logroño (S. 48)* laden einige Weingüter zum Besuch, zum Beispiel: *Bodegas Breton y CIA. (Av. Lope de Vega 20)* oder *Marqués de Vargas (Finca Pradolagar, N 232, km 6).* Auch die *Bodegas Palacio (C. San Lázaro 1)* auf der Weiterfahrt Richtung Haro in *Laguardia (S. 48)* lohnen einen Stopp. Die Provinzstadt *Haro* ist an sich schon ein kleines Freilichtmuseum, war aber andererseits die erste Stadt Spaniens, die über elektrischen Strom verfügte. Bodegas – nicht die Weingüter, sondern den Weinausschank – finden Sie hier in der Calle Herradura, eine gediegene Unterkunft im Nachbarort *Briñás (Hotel Hospedería Señorío de Briñás, 14 Zi., Travesía de la C. Real 3, Tel. 941 30 39 84, Fax 941 30 43 45, Kategorie 1–2).*

Von Haro führt die Weinroute weiter in Richtung Süden über Nebensträßchen nach *Nájera,* einst Sitz der Könige von Navarra, heute ein kleiner Ort, der vor allem für die Herstellung von Möbeln und für kunsthandwerkliche Keramikarbeiten bekannt ist. Über eine Nebenstraße gelangt man dann über Alesanco, Cañas und Berceo zu einem der Höhepunkte der Provinz La Rioja, zum Klosterpaar Suso und Yuso von *San Millán de la Cogolla. Suso,* das ältere, kleinere und rund 1 km weiter oben am Berghang liegende Kloster ist seit mehr als 14 Jahrhunderten der Verehrungsort für San Millán, einen der Eremiten, die seit Menschengedenken das Tal aufsuchten. 500 Jahre später sollte der Heilige mit einem weiteren Kloster geehrt werden. *Yuso* entstand genau dort, wo die Ochsen, beladen mit Reliquien für Suso, partout den Dienst verweigerten. Damals ahnte wohl niemand, dass das neue Kloster als Wiege der Landessprache – die Klosterbibliothek bewahrt die ältesten bekannten Aufzeichnungen in Kastilisch – Geschichte schreiben und mit dem Unescoprädikat »Erbe der Menschheit« ausgezeichnet werden würde. Beide Anlagen können besichtigt werden.

Über die am Hang liegende kleine Ortschaft Anguiano geht es schließlich zu einem profaneren Kloster, dem Endpunkt dieser Route: Das *Monasterio de Valvanera* verkauft nicht nur Hausmacherliköre und Honig, sondern bietet auch Kost und Logis an *(Hospedería Nuestra Señora de Valvanera, 28 Zi., Tel. 941 37 70 44, Kategorie 3, im Sommer rechtzeitig reservieren!).* Das Kloster selbst wurde im 11. Jh. gegründet und nach einem Brand im 15. Jh. wieder aufgebaut.

② DIE SILBERSTRASSE WIEDER ENTDECKEN

Auf acht verschiedenen Routen durchziehen rund 125 000 km uralte Viehtrecks die Iberische Halbinsel von Norden nach Süden. Fast immer führen die alten Pfade durch die landschaftlich schönsten Teile Spaniens. Um die Jahrtausendwende sollen sie mit europäischer Unterstützung wieder erschlossen werden. Einer der bekanntesten dieser Wege ist die Cañada de la Plata, die Silberstraße, die Asturien mit Andalusien verbindet. Parallel zur uralten Silberstraße verfolgt die gut ausgebaute N 630 fahrwerkschonend dieselben Ziele, dort, wo Spanien noch am authentischsten ist. Wenn Sie ausreichend Zeit für Besichtigungen haben wollen, sollten Sie für die mit allen Abstechern knapp 500 km drei oder vier Tage einkalkulieren. Die beste Jahreszeit für diese Tour ist das Frühjahr, denn das Land stirbt mit dem Sommer: Grüne Felder verwandeln sich in karges Braun, die Kirschbäume sind verblüht, die gestutzten Korkeichen geben kaum Schatten.

Obschon die Ursprünge der Silberstraße im Raum zwischen Oviedo und Astorga liegen, beginnt die hier vorgeschlagene Route in *Zamora,* denn hier bekommt man über die N 122 einen leichten Anschluss an die

Autobahnen aus dem Norden und aus Madrid. Einst war hier in Zamora die römische Garnison stationiert, die jene Brücke schützte, die den militärischen Vorläufer der Silberstraße über den Fluss Duero geleitete. Sehenswert sind die unescogeschützten Altstadtpaläste, die Kathedrale mit einem Museum, das nur über eine enge Treppe zugänglich ist, und die Fußgängerpassage Calle Santa Clara.

60 km weiter südlich erreichen Sie *Salamanca (S. 78)*. Das spanische Gegenstück zu Oxford wartet mit der Frische einer Universitätsstadt und einer Vielzahl von Monumenten auf.

Über *Béjar* (*S. 80,* die hausgemachten Würste, *chorizos,* des winzigen Nachbarorts *Candelario* sind in ganz Spanien bekannt) fahren Sie zum nächsten Anlaufpunkt *Hervás.* Der Ort überrascht mit einer der am besten erhaltenen *juderías* ganz Spaniens. Die meisten Häuser des weiß leuchtenden Judenviertels sind im ersten Stock mit hölzernen Balkonen versehen. In den engen Gassen werden Korbwaren angeboten, schummrige Bars mit groben Holztischen laden zu einem Glas Landwein ein. Den Milchkaffee genießt man hingegen am besten auf einer der Terrassen rund um die Plaza Mayor. Die Ruhe hier ist trügerisch: Jahrhundertelang gärten in Hervás die Zwistigkeiten wie auch im nächsten Ort, *Plasencia (S. 72).* Die Stadt war einer der zentralen Orte im Kampfe der Christen gegen die Mauren und später Mittelpunkt von Familienfehden.

Ein Abstecher, der die Tour um einen Tag verlängert, führt von Plasencia aus in den Garten der Extremadura. In *Cabrero* an der N 110 bekommt man Kostproben der landesweit bekannten Schinken und Würste. Ein Sträßchen windet sich von hier aus weiter den Berg hinauf nach *El Piornal.* Das Kurvenfahren wird mit grandiosen Ausblicken über das gesamte Vera-Tal belohnt. Über *Pasarón de la Vera* (enge Sträßchen mit jeder Menge Sackgassen und drei Plätze mit den drei Monumentalbauten der Ortschaft) und Jaraiz de la Vera (im Umland werden Tabak und pikante, rote Paprikaschoten geerntet) erreichen Sie das *Kloster von Yuste.* Die Klosteranlage kann besichtigt werden, und Sie können hier auch deftig essen *(Hostería del Monasterio de Yuste, Tel. 927 17 21 30, Kategorie 3).* Auf dem Schloss übernachten können Sie gleich im nächsten Ort, im *Parador de Jarandilla de la Vera (53 Zi., Carretera Plasencia, Tel. 927 56 01 17, Fax 927 56 00 88, E-Mail jarandilla@parador.es, Kategorie 1).*

Zurück auf der Nord-Süd-Achse N 630 überqueren Sie den aufgestauten Tajo. Bald darauf kommt *Cáceres (S. 72)* in Sicht, der quirligste Ort der gesamten Extremadura. Im Schatten der Festung, an der Plaza Mayor, finden Sie Bars und Läden für Bordüren und Töpferarbeiten.

In *Mérida (S. 76)* verlieren sich die Spuren der Silberstraße. Die Stadt selbst ist monumentaler, musealer und beschaulicher als die Hauptstadt im Norden. Unbedingt ansehen sollten Sie das *Museo Nacional de Arte Romano,* untergebracht in einem sehr eindrucksvollen Ziegelsteinbau. Eine reich gedeckte Tapatheke erwartet Sie schließlich im *Rufino* an der Plaza Santa Clara.

Von Auskunft bis Zoll

Hier finden Sie kurz gefasst die wichtigsten Adressen und Informationen für Ihre Spanien-Reise

AUSKUNFT

Spanische Fremdenverkehrsbüros

– *Prospektbestellungen: Tel. 06123/991 34*
– *Kurfürstendamm 180, 10707 Berlin, Tel. 030/882 65 43, Fax 882 66 61*
– *Grafenberger Allee 100, 40237 Düsseldorf, Tel. 0211/680 39 80, Fax 680 39 85*
– *Myliusstraße 14, 60323 Frankfurt, Tel. 069/72 50 33, Fax 72 53 13*
– *Postfach 15 19 40, 80051 München, Tel. 089/53 01 58, Fax 532 86 80*
– *Walfischgasse 8, 1014 Wien, Tel. 01/512 95 80, Fax 512 95 81*
– *Seefeldstrasse 19, 8008 Zürich, Tel. 01/252 79 31, Fax 252 62 04*

Internet

– Allgemeine Informationen zu Spanien: *www.tourspain.es*
– Informationen und Links zu den größten spanischen Städten: *www.excite.com/travel/countries/spain/*
– Allgemeine Informationen, Hotel- und Campingnachweis etc.: *www.red 2000.com/spain/index.html*
– Shopping im Internet: *www.dtodo.com/*
– online bestellen, vom Degen aus Toledo bis zum süffigen Roten aus Rioja: *www.la-tienda.com*

ABENTEUERURLAUB

Fallschirmsegeln in der Sierra Nevada, Wildwasserfahrten in den Pyrenäen, Pferdetrekking durch Katalonien, Kanuausflüge, Freeclimbing, Radtrekking, Ballonfahrten oder der beherzte Sprung in die Tiefe, nur durch ein dünnes Seil gesichert – Abenteuer für Aktivisten und Adrenalinsüchtige bieten spezialisierte spanische Reiseveranstalter an. Einer der Pioniere auf dem Gebiet des Abenteuerurlaubs in Spanien ist die Reiseagentur *Bidón 5 – Tierras Inéditas (28015 Madrid, C. Juan de Dios 5, Tel. 915 47 61 17, Fax 915 42 38 48)*. Dort kann man in englischer und spanischer Sprache direkt ein echtes Spanien-Erlebnis buchen oder einen (spanischen) Katalog anfordern.

AUTO

Es besteht Gurtpflicht. Im Ortsbereich sind 50 km/h Höchstgeschwindigkeit zulässig, auf Landstraßen 90 km/h bzw. 100 km/h, wenn die Straße einen Randstreifen von mindestens 1,5 m Breite oder eine zusätzliche

Fahrspur aufweist *(autovía)*, auf den Autobahnen *(autopista)* gilt 120 km/h Spitze. Der Großteil der *autopistas* ist mautpflichtig. Bei mehr als 0,5 Promille droht der Führerscheinentzug. Verkehrspolizei sind die *Policía Municipal* und die *Guardia Civil*. Die Mitnahme der grünen Versicherungskarte ist nicht obligatorisch, aber unbedingt empfehlenswert.

BANKEN UND KREDITKARTEN

Öffnungszeiten der Banken: üblicherweise Mo–Fr von 8.30 bis 14 Uhr. Kreditkarten sind in Spanien weit verbreitet. Durchgesetzt haben sich vor allem Eurocard und Visa in Hotels, Restaurants, größeren Tankstellen, in Boutiquen und selbst in jedem großen Supermarkt. Geldautomaten für Abhebungen mit Ec-Karte sind überall in ausreichender Zahl vorhanden.

CAMPING

Für Wildcamper gilt: Immer erst den Besitzer fragen bzw. im zuständigen Gemeindeamt *(ayuntamiento)* Erlaubnis einholen! Ansonsten stehen rund 800 offizielle Campingplätze, meist in Küstennähe, zur Verfügung. Nähere Informationen bei den Spanischen Fremdenverkehrsbüros oder beim Spanischen Camping-Verband *Federación Española de Empresarios de Campings y Ciudades de Vacaciones, C. General Oráa 52, 2°d, 28006 Madrid, Tel. 914 48 12 34.*

DIPLOMATISCHE VERTRETUNG

Deutsche Botschaft
C. Fortuny 8, 28010 Madrid, Tel. 915 57 90 00

Österreichische Botschaft
Paseo de la Castellana 91, 28046 Madrid, Tel. 915 56 53 15

Schweizer Botschaft
C. Núñez de Balboa 35, Edificio Goya, 28001 Madrid, Tel. 914 36 39 60

EINREISE

Personalausweis genügt. Bei der Einreise aus EU-Ländern findet jedoch normalerweise keine Passkontrolle statt.

GESUNDHEIT

In Spanien gilt der deutsche Auslandskrankenschein (vor Urlaubsantritt bei der Krankenkasse besorgen!). Oft müssen ärztliche Hilfeleistungen dennoch bar bezahlt werden, dann sollte man vom Arzt eine Rechnung verlangen (auch für Medikamente), die deutsche Kassen normalerweise zumindest anteilig erstatten.

HAUSTIERE

Hunde und Katzen müssen mindestens 30 Tage vor Einreise gegen Tollwut geimpft sein. Eine tierärztliche Bescheinigung mit Impfdaten, der Bescheinigung eines guten Allgemeinzustandes und einem Herkunftsvermerk ist vorgeschrieben. Einige Hotels erlauben die Aufnahme von Haustieren, in Restaurants und Geschäften ist der Zutritt jedoch meist untersagt.

MIETWAGEN

Die internationalen Autoverleihfirmen haben Vertretungen an allen Flughäfen, in Städten und größeren Ortschaften. Für einen

Wagen der Mittelklasse müssen Sie etwa 8000 bis 10 000 Ptas pro Tag rechnen, zuzüglich Mehrwertsteuer, Vollkaskoversicherung und Kilometergeld. Einige Reiseveranstalter bieten fly & drive an: Flug- und Mietwagenarrangements zum besonders günstigen Pauschalpreis. Mieter müssen mindestens 21 Jahre alt sein und seit mindestens einem Jahr den Führerschein besitzen. Nicht immer sind die Fahrzeuge in einem optimalen Zustand. Als Faustregel gilt: Die billigsten Angebote sind die am schlechtesten gewarteten Fahrzeuge.

NOTRUF

Das Notrufsystem wird derzeit umstrukturiert, in einigen Gebieten gilt bereits der einheitliche, neue Euro-Notruf *112,* ansonsten: Notruf: *091* (Rettungswagen, Polizei); Feuerwehr *080;* Polizei *(Guardia Civil): 22 11 00* (noch nicht überall durchgesetzt); Waldbrandnotruf: *085* oder *080* (noch nicht überall).

ÖFFNUNGSZEITEN

Es gibt keine festen Ladenschlusszeiten. Überwiegend sind die Geschäfte von 9 oder 10 bis 13 oder 14 Uhr und von 16 oder 17 bis 20 Uhr geöffnet, Sa meist nur vormittags.

PARADORES

Ein Netz von gut 80 Paradores (staatlich geführte Hotels, meistens in historischen Gebäuden oder in außergewöhnlicher Lage) überzieht ganz Spanien. Informationen vom Spanischen Fremdenverkehrsamt, zentrale Buchung über *Ibero Hotel Reservierung, Steinstraße 21, 40210 Düsseldorf, Tel. 0211/86 41 50, Fax 32 89 05, www.parador.es.*

POST

Normale Postgebühren: 80 Ptas für Briefe (bis 20 g) und Postkarten. Briefmarken gibt es auch in allen mit den spanischen Nationalfarben gekennzeichneten Tabakwarenläden *(estancos).* Die Postämter haben Mo–Fr von 9 bis 13 oder 14 Uhr geöffnet. Hauptpostämter in Madrid, Barcelona und auf allen internationalen Flughäfen bieten einen 24-Stunden-Service.

RADIO

Die Deutsche Welle ist in fast ganz Spanien in guter Qualität zu empfangen – Voraussetzung: ein Kurzwellengerät. Auf dem 49-Meter-Band, 6115 bzw. 6075 kHz, oder auf dem 31-Meter-Band, 9545 kHz, nur am Tage.

SPORT

Tauchen

Die Unterwasserjagd mit Pressluftflasche und Harpune ist an allen spanischen Küsten untersagt. Die »Jagd« auf antike Kunstschätze kann sogar mit Gefängnis bestraft werden. Die besten Tauchgebiete: *Katalonien (Costa Brava); Raum València (Costa Blanca und Costa del Azahar); Murcia (Cala de Águilas und Mazarrón); Galicien (um die Inseln Cíes bei Vigo)* und *Asturien (Caladeros de Llanes und Viviago).* Es gibt mehr als 200 Tauchclubs, federführend ist die *Federación Española de Actividades Subacuáticas, 08021 Barcelona, Car-*

rer Santaló 15-1, Tel. 932 00 67 69, Fax 932 41 16 80

Wassersport

An die 240 Häfen und Sporthäfen und mehr als 400 Segelclubs gibt es in Spanien; nahezu alle Ferienorte weisen Verleihstellen für Segelboote und teilweise auch Surfbretter und Wasserbobs auf. Information: *Real Federación Española de Vela, C. Luis de Salasar 12, 28003 Madrid, Tel. 915 19 50 08*

Wintersport

Kaum zu glauben, aber über 30 Wintersportzentren mit rund 300 Skiliften und mehr als 600 Pisten gibt es in Spanien; hauptsächlich sind sie beheimatet in den Pyrenäen, den kantabrischen Höhenzügen, auf den Gipfeln der Meseta Central und in der Sierra Nevada. Die in Spanien mit nur etwa 25 Jahren Geschichte noch sehr junge Sportart hat ihre zentrale Vertretung in der *Federación Española de Deportes de Invierno, 28016 Madrid, C. Arollofresno 3a, Tel. 913 76 99 30, Fax 913 76 99 31.*

STROM

Gelegentlich sind die Steckdosen noch nicht den EU-Normen angepasst, Steckeradapter bekommt man für rund 200 Ptas in Elektrowarengeschäften.

TELEFON

Telefonieren kann man auf spanischen Postämtern nicht, sondern von jeder öffentlichen Telefonzelle mit der Aufschrift *internacional* oder in den *locutores públicos,* öffentlichen Telefonzentralen, die nach Gesprächsende abrechnen, dafür aber etwas teurer sind. Für Auslandsgespräche 00 und die Landeskennzahl wählen (Deutschland 49, Österreich 43, Schweiz 41), die Ortsvorwahl ohne erste Null und dann die Telefonnummer eingeben. Vorwahl nach Spanien: 0034, dann die Rufnummer. Vorwahlen gibt es in Spanien nicht mehr. Verschiedene private Telefonanbieter ermöglichen Landes- und internationale Gespräche zu stark vergünstigten Preisen.

Auch in Spanien setzt sich das bargeldlose Telefon durch: Statt Münzen steckt man dort eine Magnetkarte ein, die man in den Tabakwarenläden für 1000 bzw. 2000 Ptas erhält. Zum Mondscheintarif telefoniert man von 22 bis 8 Uhr (Mo–Fr), bereits ab 14 Uhr (Sa) und rund um die Uhr (So und Feiertage). Gespräche von Telefonzentralen *(locutores públicos)* liegen bei zehn bis 20 Prozent, vom Hotel aus bis zu 100 Prozent über den Normalkosten.

TOILETTEN

Öffentliche Toiletten sind extrem rar. Die Einheimischen weichen auf das WC in Cafés und Restaurants aus, fast automatisch verbunden mit dem Konsum einer Erfrischung. Hygienisch unbedenklicher sind oft die sanitären Anlagen von Museen oder anderen öffentlichen Einrichtungen. Hier sollte man in den bereitstehenden Schälchen ein Trinkgeld zurücklassen.

TRAMPEN UND MITFAHRGELEGENHEITEN

In Spanien nicht immer empfehlenswert: der Autostopp. Spanier nehmen ungern fremde Menschen am Straßenrand auf (genauso wenig setzt man sich im Café an einen schon besetzten Tisch).

TRINKGELD

Üblich sind in Bars und Restaurants fünf bis zehn Prozent des Rechnungsbetrages; das Trinkgeld wird dem Service entsprechend mehr oder weniger stark aufgerundet. Man erhält zunächst das Wechselgeld zurück und lässt das Trinkgeld dann auf dem Tisch liegen. Parkplatzeinweisern gibt man zwischen 50 und 100 Ptas. Trinkgelder geben sollte man außerdem Platzanweisern im Kino und Theater, Taxifahrern, dem Hotelpagen und Führern von Besichtigungstouren.

ZOLL

Innerhalb der Europäischen Union darf der Tourist alle Waren für seinen persönlichen Verbrauch frei ein- und ausführen. Richtwerte hierfür sind z.B. 800 Zigaretten, 200 Zigarren, 10 l Spirituosen, 20 l Likörwein, 90 l Wein. Für Schweizer gelten erheblich geringere Freimengen, z.B. 1 l Spirituosen, 200 Zigaretten, 50 ml Parfum.

WETTER IN MADRID

Die monatlichen Durchschnittswerte im Überblick

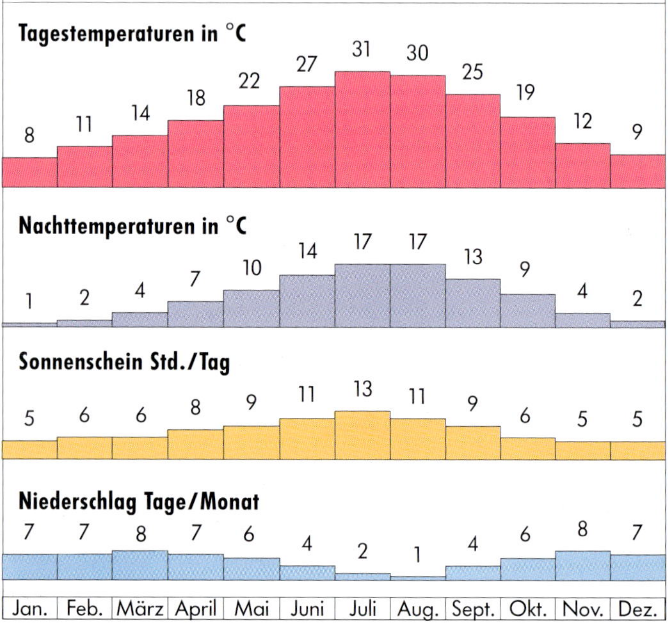

Reiseatlas Spanien

Die Seiteneinteilung für den Reiseatlas finden Sie auf dem hinteren Umschlag dieses Reiseführers

A
B
C
1
2
3
4
5
OCÉANO
ATLÁNTICO
Cabo Ortegal
Ortigueira
A CORUÑA
Ferrol
Ribadeo
Luarca
Cabo de Peñas
GIJÓN
Vimianzo
Betanzos
Avilés
Fisterra
Cabo Fisterra
Ordes
Salas
SANTIAGO
Lugo
OVIEDO
Mieres
Noia
Melide
Fonsagrada
Vilagarcía de Arousa
Pola de Laviana
Becerreá
Villablino
Pontevedra
Lalín
Pto.de Pajares
Monforte de Lemos
Embalse
Barrios de Luna
VIGO
OURENSE
E.de S.Estebo
Ponferrada
Pto.del Manzanal
LEÓN
Tui
A Cañiza
Astorga
Santa Tegra
Pobra de Trives
Teleño
Mansilla de las Mulas
Peneda
Embalse de Bao
La Bañeza
Ponte da Barca
Puebla de Sanabria
Viana do Castelo
Santa Luzia
Verín
Braga
Bom Jesus do Monte
Chaves
Bragança
Benavente
Póvoa de Varzim
Guimarães
Mirandela
Emb.de Ricobayo
Medina de Rioseco
PORTO
Vila Real
Miranda do Douro
Penafiel
Zamora
Lamego
Torre de Moncorvo
Tordesillas
R.Douro
B. de Alvarenga
Fermoselle
Embalse de la Almendra
S. Pedro do Sul
Moimenta da Beira
Aveiro
Vitigudino
Albergaria a-Velha
La Fregeneda
Ledesma
Viseu
Salamanca
Celorico da Beira
Bucaco
Arévalo
Guarda
Vilar Formoso
Peñaranda de Bracamonte
Malhao
Coimbra
Ciudad Rodrigo
El Cabaco
Góis
Covilhã
Ávila
Pombal
Fundão
Béjar
Penamacor
Pto. de Menga
Leiria
Embalse de Gabriel y Galán
El Barco
B. do Cabril
Almanzor
Fátima
Coria
M. de Yuste
Arenas de San Pedro
Tomar
Castelo Branco
Plasencia
R.Tiétar
Abrantes
Alcántara
Navalmoral de la Mata
Maqueda
Torres Novas
Valencia de Alcántara
R.Tajo
Embalse de Valdecañas
Talavera de la Reina
Ponte de Sor
Alpalhão
Cáceres
La Nava de Ricomalillo
Coruche
Alburquerque
Guadalupe
Navahermosa
158
156

D
E
F
Plymouth, Portsmouth
Portsmouth
50km
la Rochelle
Ile-de-Ré
Ile d'Oléron
Rochefort
Royan
le Verdon
Gironde
Golfe de Gascogne
Lacanau
BORDEAUX
Arcachon
FRANCE
Mimizan
Golfo de Vizcaya
Castets
Mont-de-Marsan
Côte Basque
Dax
Adour
Aire-s.-l'Adour
Orthez
Salies de Bearn
Biarritz
Bayonne
Cambo
la Rhune
SANTANDER
Unquera
Cuevas de Altamira
Torrelavega
Castro-Urdiales
BILBO
Deba
DONOSTIA SAN SEBASTIÁN
Irurzun
Oloron
St.Jean-Pied-de-Port
Lourdes
Grotte de Bétharram
Isaba
Urdos
PAMPLONA (IRUÑEA)
Jaca
Reinosa
Coronte
E. del Ebro
Aguilar de Campoo
Herrera del Pisuerga
Osorno
Miranda de Ebro
Gasteiz Vitoria
Altasu
Estella
Burgos
Belorado
Nájera
Logroño
Tafalla
Torrecilla en Cameros
Calahorra
Ebro
Lerma
Salas de los Infantes
Ejea de los Caballeros
Sta. María de la Peña
Huesca
LLADOLID
Aranda de Duero
Soria
Tudela
Tarazona
Moncayo
Barbast
El Burgo de Osma
R. Duero
ZARAGOZA
Cuéllar
Ayllón
Almazán
Turégano
Cerezo de Abajo
Calatayud
Bujaraloz
Peñalara
Medinaceli
M.de Piedra
Cariñena
Lozoyuela
Sigüenza
Daroca
Hijár
Caspe
Alcolea del Pinar
R. Jarama
Molina de Aragón
Alcañiz
DRID
Guadalajara
Montalbán
Alcalá de Henares
E. de Entrepeñas
Sacedon
Beteta
Monreal del Campo
Cerro de los Angeles
Serranía de Cuenca
Morella
R.Tajo
E. de Buendia
Cañaveras
Albarracín
Aranjuez
Ocaña
Tarancón
Uña
Teruel
Peñarroya
Sant Mateu del Maestrat
Torre Baja
Orgaz
R. Júcar
E03
E601
E602
E05
E70
E80
E07
E804
E90
E901
Cantabrica
Pirineos
Central

160

A
B
C
1
2
3
4
5
6
50km
Póvoa de Varzim
Braga
Bom Jesus do Monte
Chaves
Guimarães
Mirandela
PORTO
622
Penafiel
Vila Real
Lamego
Torre de Moncorvo
R. Douro
S. Pedro do Sul
Moimenta da Beira
Aveiro
Albergaria a-Velha
Viseu
La Fregeneda
Celorico da Beira
Figueira da Foz
Bucaco
Guarda
Vilar Formoso
Coimbra
Malhão
Góis
Covilhã
Pombal
Fundão
Batalha
Leiria
Penamacor
B. do Cabril
Embalse de Gabriel y Galán
Nazaré
Fátima
Coria
Peniche
Caldas da Reinha
Tomar
Castelo Branco
Abrantes
Alcántara
Torres Novas
Torres Vedras
Santarém
Valencia de Alcántara
R. Tajo
Ponte de Sor
Alpalhão
Cáceres
Sintra
V. Franca de Xira
Coruche
Portalegre
Alburquerque
Cascais
LISBOA
Montijo
Almada
Vendas Novas
Estremoz
BADAJOZ
Setúbal
Montemor-o-Novo
Elvas
Mérida
Alcacer do Sal
Évora
Villanueva de la Serena
Barcarrota
Almendralejo
B. de Alqueva
Santiago do Cacém
Grandola
Mourão
Zafra
Ferreira do Alentejo
Sines
Beja
Moura
Fuente de Cantos
Barrancos
Llerena
Fregenal de la Sierra
Odemira
Castro Verde
Rosal de la Frontera
Ourique
Aracena
Almodôvar
Mértola
Puebla de Guzman
Portimão
Valverde del Camino
Cabo de S. Vicente
Sagres
Lagos
Tavira
Ayamonte
Italica
Carmona
Albufeira
Monte Gordo
Huelva
SEVILLA
Alcalá de Guadaira
Faro
Golfo de Cádiz
Matalascañas
Utrera
R. Guadalquivir
Sanlúcar de Barrameda
JEREZ DE LA FRONTERA
Arcos de la Frontera
CÁDIZ
San Fernando
Medina Sidonia
Santa Cruz de Tenerife, Las Palmas
Algeciras
Pto. del Cabrito
Tarifa
Estrecho de Gibraltar
TANGER
Cap Spartel
Ksar-es-Seghir
PORTUGAL
ESPAÑA
Algarve
Sierra Morena
Estremadura
Andalucía
Castilla

156

158

157
Burgos
Belorado
Nájera
Logroño
E804
Calahorra
Palencia
Benavente
Medina de Rioseco
Emb. de Ricobayo
Zamora
E82
Tordesillas
E80
R. Pisuerga
VALLADOLID
Lerma
387
Salas de los Infantes
2228
Aranda de Duero
Soria
Medina del Campo
R. Duero
Embalse de la Almendra
Cuéllar
El Burgo de Osma
Almazán
Ledesma
Coca
E05
Ayllón
Arévalo
Turégano
Cerezo de Abajo
Calatayud
Peñaranda de Bracamonte
Segovia
Peñalara 2430
Medinaceli
E90
M. de Piedra
Villacastín
Lozoyuela
Sigüenza
Ávila
1860
Alcolea del Pinar
El Escorial
Valle de los Caídos
R. Jarama
Pto. de Menga
1570
MADRID
Guadalajara
El Barco
2592
Almanzor
Arenas de San Pedro
Navalcarnero
Alcalá de Henares
E. de Entrepeñas
Sacedon
Beteta
R. Tiétar
Navalmoral de la Mata
Cerro de los Ángeles
Maqueda
Cañaveras
1863
Embalse de Valdecañas
Talavera de la Reina
Aranjuez
R. Tajo
E. de Buendia
Uña
La Nava de Ricomalillo
Ocaña
Tarancón
Cuenca
Toledo
Cañete
Guadalupe
E901
Navahermosa
1419
Orgaz
256
1663
Corral de Cantos
Quintanar de la Orden
Olivares de Júcar
R. Júcar
E. de Gracia de Sola
Herrera del Duque
Madridejos
254
Motilla del Palancar
Alcázar de San Juan
E. de Alarcón
R. Guadiana
Daimiel
Tomelloso
E. de La Serena
Castuera
Almadén
Ciudad Real
Manzanares
La Roda
Almodóvar del Campo
683
Munera
Valdepeñas
Albacete
Puertollano
297
Alcaracejos
1323
E05
Villanueva de los Infantes
Alcaraz
Almansa
Cardeña
Santuario Virgen de la Cabeza
La Carolina
255
Hellín
Yecla
Montoro
Bailén
Linares
Yeste
CÓRDOBA
Andújar
Úbeda
R. Segura
Villacarrillo
2081
Porcuna
R. Guadalquivir
Caravaca de la Cruz
Cieza
Baena
Jaén
Cazorla
2036
Cabañas
2381
Puebla de Don Fadrique
Aguilar
Martos
Lucena
Huéscar
Vélez Rubio
E902
R. Genil
Cúllar Baza
Estepa
Loja
1339
Lorca
Baza
191
Huercal-Overa
Guadix
1137
Antequera
Alhama de Granada
GRANADA
Águilas
Sierra Nevada
3478
Mulhacén
2609
Chullo
Gergal
Vera
MÁLAGA
Marbella
E902
E15
Nerja
Motril
Berja
ALMERÍA
Carboneras
Adra
Costa del Sol
Melilla
Cabo de Gata
Sète

157
Herrera del Pisuerga
Osorno
Burgos
Palencia
Miranda de Ebro
Belorado
Gasteiz Vitoria
Estella
Altsasu
PAMPLONA (IRUÑEA)
Isaba
Grotte de Bétharram
Logroño
Nájera
Torrecilla en Cameros
Tafalla
Calahorra
Jaca
Lerma
Salas de los Infantes
2228
VALLADOLID
Aranda de Duero
Soria
Tarazona
2313 Moncayo
Tudela
Ejea de los Caballeros
Sta. María de la Peña
R. Pisuerga
R. Duero
Cuéllar
Coca
El Burgo de Osma
Ayllón
Almazán
ZARAGOZA
Turégano
Cerezo de Abajo
Segovia
Calatayud
Peñalara 2430
Lozoyuela
Sigüenza
Medinaceli
M. de Piedra
Cariñena
934
Bujaralo
Caspe
Hijár
Daroca
Alcolea del Pinar
1860
Valle de los Caídos
R. Jarama
Molina de Aragón
MADRID
Guadalajara
Alcalá de Henares
E. de Entrepeñas
Sacedón
Beteta
Monreal del Campo
Montalbán
1270
Morella
Cerro de los Ángeles
Aranjuez
R. Tajo
E. de Buendia
Cañaveras
Uña
1863
Albarracín
Ocaña
Tarancón
Cuenca
Teruel
2024 Peñarroya
Sant Mateu del Maestrat
Cañete
Torre Baja
Orgaz
Quintanar de la Orden
Olivares de Júcar
R. Júcar
Alpuente
Madridejos
Serranía de Cuenca
Segorbe
Alcázar de San Juan
E. de Alarcón
Motilla del Palancar
Utiel
R. Turia
Sagunt
Daimiel
Tomelloso
Requena
VALÈN
el Saler
Golf
Ciudad Real
Manzanares
La Roda
Munera
Albacete
Cofrentes
Riu Xúquer
Cullera
Valdepeñas
Alzira
Villanueva de los Infantes
Alcaraz
Almansa
Xàtiva
Gandía
Déni
La Carolina
Hellín
Yecla
Villena
Alcoi
Linares
Yeste
Ubeda
R. Segura
Benidorm
la Vila Joiosa
Villacarrillo
2081
Novelda
ALACANT ALICANTE
Caravaca de la Cruz
Cieza
Elx
R. Guadalquivir
Jaén
2036
Cazorla
Cabañas
2381
Puebla de Don Fadrique
Orihuela
Huéscar
Vélez Rubio
MURCIA
Costa Blanca
Cúllar Baza
1339
Lorca
Baza
Guadix
Huercal-Overa
La Manga del Mar Menor
GRANADA
Sierra Nevada
3478
Mulhacén
2609
Chullo
Gergal
Aguilas
CARTAGENA
Vera
Motril
Berja
ALMERÍA
Carboneras
Adra
Cabo de Gata
Melilla
Wahrân
160

FRANCE
Carcassonne
Béziers
Narbonne
Perpignan
Golfe du Lion
Sète
Pamiers
Mirepoix
Foix
Quillan
Tarascon
St.Girons
Bagnères-de-Luchon
Pico de Aneto 3404
Vielha
Benasque
Ainsa-Sobrarbe
ANDORRA
Andorra la Vella
Mont Louis
Puigcerdà
Port Vendres
Cerbère
El Grado
Tremp
la Seu d'Urgell
Ripoll
Figueres
Empúries
l'Escala
Benabarre
Berga
Ponts
Manresa
Vic
Girona
Cervera
TERRASSA
Sant Feliu de Guíxols
Tossa de Mar
Costa Brava
Montserrat
Igualada
Calella
SABADELL
Mataró
M.de Poblet
Valls
Reus
BARCELONA
Tarragona
Vilanova i la Geltrú
Amposta
Vinaròs
Costa Daurada
Ciutadella
Menorca
Maó
Cap de Formentor
Pollença
Alcúdia
Mallorca
Sóller
Inca
Artà
Andratx
Manacor
Coves d'Artà
PALMA
Portocristo
Coves del Drac
Ermita de Sant Salvador
Santanyi
Cap de ses Salines
Cabrera
Sant Antoni de Portmany
Eivissa Ibiza
la Savina
Formentera
Illes Balears
MAR MEDITERRÁNEO
Al-Jazā'ir
50km
1
2
3
4
5
6

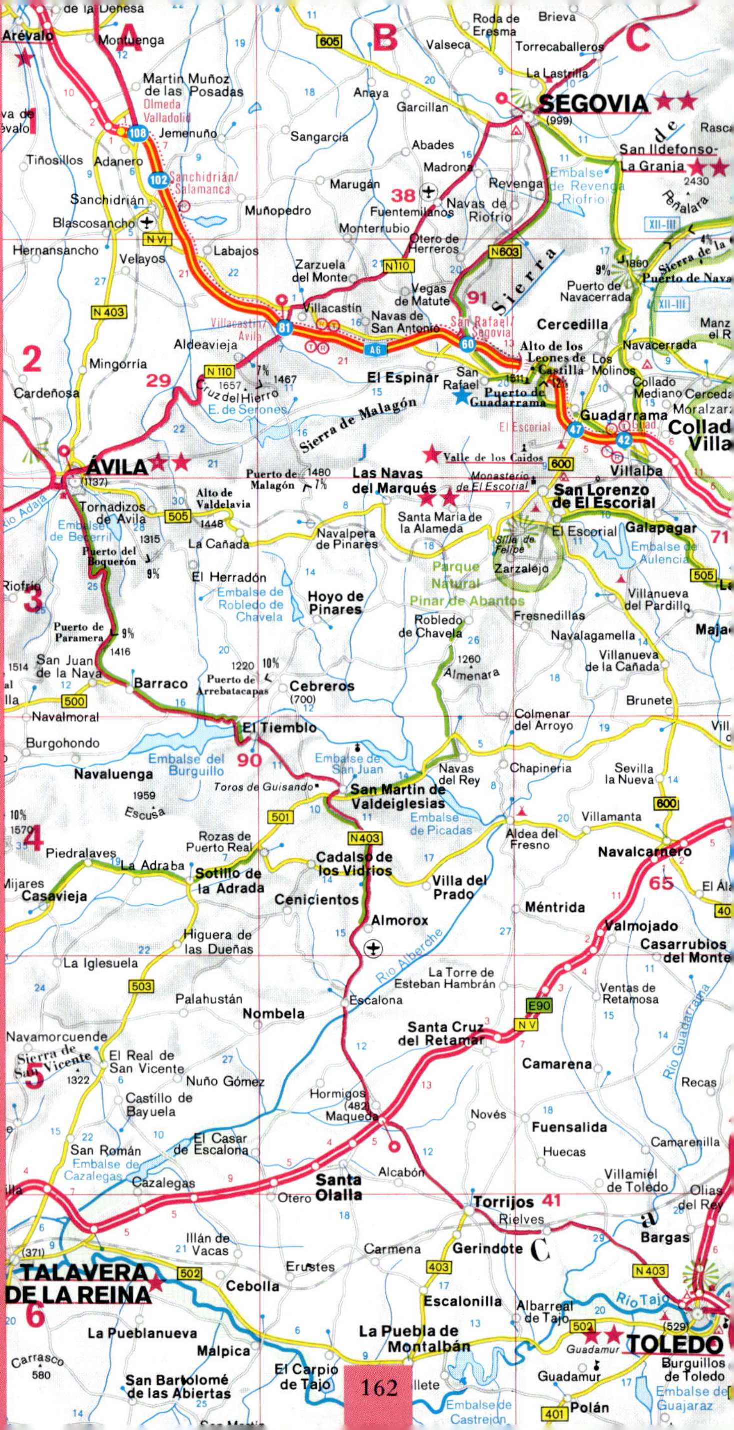
A
B
C
2
3
4
5
6
Arévalo
Montuenga
Martin Muñoz de las Posadas
Olmeda
Valladolid
Jemenuño
Tiñosillos
Adanero
Sanchidrián/Salamanca
Sanchidrián
Blascosancho
Hernansancho
Velayos
Labajos
Muñopedro
N 403
N VI
N 110
Aldeavieja
Mingorría
Cardeñosa
Cruz del Hierro
E. de Serones
ÁVILA
(1137)
Tornadizos de Ávila
Embalse de Becerril
Puerto del Boquerón
Río Adaja
Alto de Valdelavia
La Cañada
El Herradón
Embalse de Robledo de Chavela
Riofrío
Puerto de Paramera
San Juan de la Nava
Barraco
Navalmoral
Burgohondo
Navaluenga
Embalse del Burguillo
El Tiemblo
Puerto de Arrebatacapas
Cebreros
(700)
Toros de Guisando
Escusa
Piedralaves
La Adraba
Sotillo de la Adrada
Rozas de Puerto Real
Casavieja
Mijares
La Iglesuela
Higuera de las Dueñas
Palahustán
Nombela
Navamorcuende
Sierra de San Vicente
El Real de San Vicente
Nuño Gómez
Castillo de Bayuela
San Román
Embalse de Cazalegas
Cazalegas
El Casar de Escalona
TALAVERA DE LA REINA
(371)
Illán de Vacas
Cebolla
La Pueblanueva
Malpica
Carrasco
San Bartolomé de las Abiertas
El Carpio de Tajo
Valseca
Anaya
Garcillan
Sangarcía
Abades
Madrona
Marugán
Revenga
Fuentemilanos
Navas de Riofrío
Monterrubio
Otero de Herreros
Zarzuela del Monte
Vegas de Matute
Villacastín
Navas de San Antonio
San Rafael/Segovia
San Rafael
El Espinar
Sierra de Malagón
Puerto de Malagón
Las Navas del Marqués
Navalpera de Pinares
Santa María de la Alameda
Hoyo de Pinares
Parque Natural Pinar de Abantos
Robledo de Chavela
Almenara
Embalse de San Juan
San Martín de Valdeiglesias
Navas del Rey
Embalse de Picadas
Cadalso de los Vidrios
Cenicientos
Villa del Prado
Almorox
Río Alberche
Escalona
La Torre de Esteban Hambrán
Santa Cruz del Retamar
Hormigos
(482)
Maqueda
Alcabón
Santa Olalla
Otero
Carmena
Erustes
Gerindote
Escalonilla
La Puebla de Montalbán
Torrijos
Rielves
Novés
Roda de Eresma
Brieva
Torrecaballeros
La Lastrilla
SEGOVIA
(999)
San Ildefonso-La Granja
Embalse de Revenga
Riofrío
Peñalara
Sierra de Guadarrama
Puerto de Navacerrada
Cercedilla
Navacerrada
Alto de los Leones de Castilla
Los Molinos
Collado Mediano
Puerto de Guadarrama
Guadarrama
El Escorial
Valle de los Caídos
Monasterio de El Escorial
Villalba
San Lorenzo de El Escorial
El Escorial
Silla de Felipe
Zarzalejo
Galapagar
Embalse de Aulencia
Villanueva del Pardillo
Fresnedillas
Navalagamella
Villanueva de la Cañada
Brunete
Colmenar del Arroyo
Chapinería
Sevilla la Nueva
Villamanta
Aldea del Fresno
Navalcarnero
Méntrida
Valmojado
Casarrubios del Monte
Ventas de Retamosa
Camarena
Recas
Río Guadarrama
Fuensalida
Huecas
Camarenilla
Villamiel de Toledo
Olías del Rey
Bargas
Albarreal de Tajo
Río Tajo
Guadamur
TOLEDO
(529)
Burguillos de Toledo
Embalse de Guajaraz
Polán
Embalse de Castrejón
A6
E90
N V
N 603
N 403

Embalse de Río Sequillo
Berzosa del Lozoya
Embalse de El Villar
El Atazar
Tortuero
Embalse de Beleña
Cogolludo
Beleña de Sorbe
Fuencemillán
Loyozuela
Cervera de Buitrago
Embalse de El Atazar
Valdepeñas de la Sierra
Puebla de Beleña
Espinosa de Henares
Canencia
El Buerreco
15 km
Utande
Valdemanco
Puerto de Canencia 1600
Casa de Uceda
Río Jarama
La Cabrera
Uceda
Malaguilla
Humanes
Hita
Bustarviejo
Cabanillas de la Sierra
Torrelaguna
Mohernando
Torre del Burgo
Guadalix de la Sierra
Venturada
El Vellón
Viñuelas
Yunquera de Henares
Embalse de El Vellón
Talamanca de Jarama
Fontanar
Tortola de Henares
Torija
El Molar
Usanos
Parque Natural de la Cuenca Alta del Manzanares
El Casar de Talamanca
San Agustín de Guadalix
Marchamalo
Atanzón
Taracena
Colmenar Viejo
Torrejón del Rey
Fuente el Saz de Jarama
GUADALAJARA
Algete
Azuqueca de Henares
Chiloeches
Horche
Camarma de Esteruelas
San Sebastián de los Reyes
Villanueva
Cobeña
Daganzo de Arriba
Armuña de Tajuña
Monte de El Pardo
Alcobendas
Ajalvir
Los Santos de la Humosa
Pozo de Guadalajara
Aranzueque
El Pardo
Fuencarral
Paracuellos del Jarama
Barajas
ALCALÁ DE HENARES
El Plantío
TORREJÓN DE ARDOZ
Loranca de Tajuña
Aravaca
San Fernando de Henares
Corpa
Pezuela de las Torres
Torres de la Alameda
Fuentenovilla
Vicálvaro
Mejorada del Campo
Loeches
Pozuelo del Rey
Alcorcón
MADRID
Ambite
Mondéjar
Villar del Olmo
Vaciamadrid
Camporreal
Valdilecha
Orusco
Cerro de los Ángeles
Arganda
Río Tajuña
GETAFE
Tielmes
Carabaña
Driebes
Perales de Tajuña
Brea de Tajo
Parla
Pinto
Morata de Tajuña
Estremera
Griñón
Valdemoro
San Martín de la Vega
Villarejo de Salvanés
Ciempozuelos
Valdelaguna
Torrejón de la Calzada
Chinchón
Belmonte de Tajo
Fuentidueña de Tajo
Río Tajo
Titulcia
Colmenar de Oreja
Seseña
Villaconejos
Villamanrique de Tajo
Esquivias
Zarza de Tajo
Borox
Embalse de Valdajos
Alameda de la Sagra
ARANJUEZ
Villarrubia de Santiago
Ontígola
Noblejas
Añover de Tajo
Santa Cruz de la Zarza
Ocaña
Villatobas
Iberia
Cabañas de Yepes
Algodor
Yepes
Dos-barrios
Villasequilla de Yepes
Huerta de Valdecarábanos
Cabezamesada
Villamuelas
La Guardia
Corral de Almaguer
Laguna de Longar
Gollino
Lillo
Villanueva
Sagra
Mesa de Ocaña

Lekeitio
Ondarroa
Saturraran
DONOSTIA
SAN SEBASTIÁN
Getaria
Zarautz
Zumaia
Mundaka
Sukarrieta
Busturia
Axpe
Gauteguiz de Arteaga
Santimamiñe
Ugaran
Gernika-Lumo
Frúniz
Bilbao
Mutriku
Deba
Markina-Xemein
Aulestia
Orio
Usurbil
Lasarte-Oria
Larrabatzu
Gerrikaitz
Zugastieta
Oca
Iciar
Itziar
Zestoa
Aia
Villabona
Amorebieta-Etxano
Echano
Berriz
Elgoibar
Mend. Trabakua
Ermua
Alzola
Mendatea Azkarate
Azpeitia
Azkoitia
Arrigorriaga
Zaldibar
EIBAR
Soraluze Plac.
Loiola
Errezil
Mendatea Bidania
Igorre
DURANGO
Olacueta
Elgeta
Vergara
Villareal
Nuarbe
Zumárraga
Tolosa
Alegia
Mañaría
Elorrio
Parque Natural de Urkiola
ARRASATE
MONDRAGON
Areatza
Anzuola
Mendatea Deskarga
Ormaiztegi
Abaltzisketa
Beasain
Ordizia
Orozco
Mendatea Urkiola
Santa Agueda
Otxandio
Legazpi
Alto de Udana
Mendatea Barazar
Barambio
Pico de Gorbea
Ubidea
Aretxabaleta
Eskoriatza
Oñati
Idiazabal
Lazkao
Sierra de Aralar
Mendatea Altube
Leintz-Gatzago
Arantzazu
Zegama
Alto de Lizarrusti
Gopegui (Cigoitia)
Legutiano
Sierra de Aizkorri
Mendatea Arlaban
Puerto de Otzaurte
Mendatea Etsegarate
Ayá
Echarri Aranaz
Murgia
Embalse de Urrunaga
Urbina
Ozaeta (Barrundia)
Narvaja
Urkilla
Alsasua
Urtegia
Embalse de Ullibarri
Olazagutia
Lizarraga
Urbasa
Foronda
Vitoria
Durana
Dólmen
Salvatierra
Sierra de Urbasa
Puerto de Urbasa
Cuartango
Mendoza
Oteros
Iruña
Nanclares de la Oca
Alegria-Dulantzi
Mendatea Opakua
Larraona
Eulate
Zudaire
GASTEIZ
VITORIA
Ariñez
Eguileta
Mendatea Azatzeta
Roitegui
Pobes
La Puebla de Arganzón
Mendatea Vitoria
Treviño
Arlucea
Kapildui
Arraia Maeztu
San Vicente de Arana
Galbarra
Abárzuza
Larrión
Armiñón
Armentia
Albaina
San Román de Campezo
Acedo
Ancín
Murieta
Berantevilla
Zambrana
Bajauri
Santa Cruz de Campezo
Oco
Aguilar de Codés
Codés
Torralba del Río
Mués
MIRANDA DE EBRO
Toloño
Peñacerrada
Bernedo
Briñas
Puerto de Herrera
Labastida
Lagran
Sierra de Toloña
Mendilerroa
Lapoblación
Sansol
Los Arcos
Samaniego
Haro
Ebro
Abalos
Elvillar
Laguardia
Gimileo
San Vicente de la Sonsierra
Briones
Assa
Viana
Camino de Santiago
Elciego
Lapuebla de Labarca
Oyón/Oion
Lazagurría
Sesma
Zarratón
Cenicero
LOGROÑO
Mendavia
San Asensio
Fuenmayor
Agoncillo
P.I. El Sequero
Hervias
Navarrete
Santo Domingo de la Calzada
Nájera
Alesanco
Lardero
Villamediana de Iregua
Murillo de Río Leza
Entrena
Ribafrecha
Cirueña
Embalse de Valbornedo
Corera
El Redal
Pradejón
Manjarrés
Ventas Blancas
Albelda de Iregua
Tudelilla
El Royo
Berceo
Castroviejo
Baños de Río Tobia
Serradero
Castañares de la Cuevas
Monasterio de San Millán de Yuso
Bobadilla
Tobia
Robres del Castillo
Terroba
Anguiano
Arnedo
Torrecilla en Cameros
Jalón de Cameros
Ezcaray
Arnedillo
Monasterio de Valvanera
Préjano
El Rasillo
Pradillo
Enciso
Turruncún (Abandonado)
Embalse de Mansilla
Embalse de González Lacasa
Mansilla
Brieva de Cameros
Viniegra
Yanguas
Villanueva de Cameros

PAMPLONA
(IRUÑEA)
FRANCE
Sierra de Abodi
Chemin de St-Jacques
Route des Pyrénées
Camino de Santiago
Las Bardenas Reales
Irún
Bera
Oiartzun
Renteria
Bera de Bidasoa
Col de St. Ignace
La Rhune
Grottes de Sare
Sare
Ainhoa
Dancharia
Bidarray
Irissarry
Larceveau
Arros-Cibits
Col d'Osquich
Col de Lizarrieta
Echalar
Tejeria
St. Martin-d'Arrossa
Eyharze
Puerto de Otxondo
Embalse de Añarbe
Lesaca
Articuza
Arizcun
St. Etienne de Baïgorry
Col d'Ispéguy
St. Jean-Pied-de-Port
Chât. d'Harispe
St. Jean-le-Vieux
Mendive
Pic de Behorléguy
Aranaz
Sumbilla
Valle de Baztán
Elizondo (Baztan)
Irurita
Mugaire
Zubieta
Santesteban
Vallée des Aldudes
Les Aldudes
Urepel
Arnéguy
Estérençuby
Berroeta
Leiza
Ezcurra
Alto de Huici
Beinza-Labayen
Puerto de Velate
Puerto de Roncevalles de Ibañetá
Roncesvalles
Burguete
Orbaiceta
Port de Larrau
Jaunsaras
Larráinzar
Valle de Ulzama
Olagüe
Egozcue
Cilveti
Urtasun
Garralda
Arive
Garayoa
Abaurrea Baja
Puerto de Abaurrea
Echalecu
Erice
Puerto Erro
Zubiri
Erro
Sierra de Labia
Santuario San Miguel
Latasa
Irurzun
Oroz-Betelu
Jaurrieta
Ostiz
Río Ulzama
Río Arga
Larrasoaña
Esparza
Berrioplano
Arre
Villava
Huarte
Nagore
Elcoaz
Izal
Asiain
Aizpún
Ororbia
Echauri
Zalba
Itoiz
Adoáin
Valle de Salazar
Aoiz
Arangüren
Pamplona Sur
Urroz
Imirizaldu
Salinas de Oro
Vidaurreta
Astráin
Noain
Unciti
Río Irati
Navascués
Puerto del Perdón
Arlegui
Ardanaz
Artieda
Domeño
Bigüezal
Alto de Iso
Sierra de Leyre
Monasterio de Leyre
Monreal
Las Campanas
Tiebas
Tiebas-Muruarte de Reta
Nardués
Lerate
Muruzábal
Ucar
Izco
Puerto de Loyti
Lumbier
Liédena
Yesa
Embalse de Alloz
Puente la Raina
Añorbe
Puerto del Carrascal
Leoz
Sierra de Izco
Aibar
Javier
Embalse de Yesa
Villatuerta
Mendigorría
Barasoain
Sangüesa
Oteiza
Lerga
Alto de Lerga
Larraga
Tafalla
San Martín de Unx
Cáseda
Berbinzana
Ujué
Sos del Rey Católico
Puerto de Sos
Olite
Miranda de Arga
Lerin
Pitillas
Vigas
Laguna de Pitillas
Monasterio de la Oliva
Sofuentes
Castiliscar
Uncastillo
Canal de las Bardenas
Andosilla
Cárcar
Falces
Santacara
Carcastillo
Peralta
San Adrian
Azagra
Funes
Marcilla
Caparroso
Sádaba
Calahorra
Villafranca
Malagro
Rincón de Soto
Cadreita
Valtierra
Embalse de San Bartolomé de Ejea
Pinsoro
Autol
Aldeanueva de Ebro
Alfaro
Castejon
Arguedas
Valareña
Yerga
Corella
Tudela
Sabinar
Grávalos
Cintruénigo
15 km

In diesem Register sind alle erwähnten Orte und Ausflugsziele verzeichnet. Halbfette Seitenzahlen verweisen auf den Haupteintrag, kursive auf ein Foto.

Was bekomme ich für mein Geld?

Währungseinheit ist bis zur Einführung des Euro 2002 auch im Bargeldverkehr die Peseta (Pta) mit Münzwerten von 1, 2, 5, 10, 25, 50, 100, 200, 500 und 2000 sowie Scheinen zu 1000, 2000, 5000 und 10000 Peseten. Eurocheques (Höchstmenge pro Scheck: 25000 Ptas) sind wenig verbreitet und werden selbst von Banken nicht immer akzeptiert. Kreditkarten sind dagegen üblich und werden von vielen Boutiquen, Hotels, Restaurants, Tankstellen und Warenhäusern akzeptiert. Auch Geldautomaten sind in großer Zahl vorhanden.

Eintrittspreise für die meisten Museen liegen mittlerweile bei 200 bis 400 Ptas, für die Tasse *café con leche*, die private Preismesslatte der meisten Spanier, muss man zwischen 100 und 180 Ptas rechnen, ähnlich viel kostet ein Glas Wein oder Saft; das Menü in einem durchschnittlichen Restaurant liegt im Bereich zwischen 2000 und 3000 Ptas, kann in besseren Häusern jedoch leicht das Doppelte kosten. Für eine Flasche ordentlichen Tischwein müssen Sie im Laden mit ca. 700 Ptas rechnen, für eine Qualitätsabfüllung, etwa eine *reserva*, mit 1500 Ptas und mehr. Eine Postkarte kostet 50 bis 100 Ptas, frankiert werden muss sie in EU-Länder mit 80 Ptas.

DM	Ptas	Ptas	DM
1	85	100	1,18
2	170	250	2,94
3	255	500	5,88
4	340	750	8,82
5	425	1.000	11,75
10	851	1.500	17,63
20	1.701	2.000	23,51
30	2.552	3.000	35,26
40	3.403	4.000	47,02
50	4.254	5.000	58,77
60	5.104	6.000	70,53
70	5.955	7.500	88,16
80	6.806	10.000	117,55
90	7.656	12.500	146,93
100	8.507	15.000	176,32
200	17.014	25.000	293,87
300	25.522	40.000	470,19
500	42.536	50.000	587,74
750	63.804	75.000	881,61
1.000	85.072	100.000	1.175,48

Seit 1999 gelten bis zur endgültigen Einführung des Euro die oben stehenden Kurse. Sie sind keinen Schwankungen mehr unterworfen.

Damit macht Ihre nächste Reise mehr Freude:

Die neuen Marco Polo Sprachführer. Für viele Sprachen.

Sprechen und Verstehen ganz einfach. Mit Insider-Tipps.

Das und vieles mehr finden Sie in den Marco Polo Sprachführern:

- Redewendungen für jede Situation
- Ausführliches Menükapitel
- Bloß nicht!
- Reisen mit Kindern
- Die 1333 wichtigsten Wörter